OPORTUNIDADES INVISÍVEIS

Paulo Rogério Nunes

OPORTUNIDADES INVISÍVEIS

Aprenda a inovar com empresas que apostam na diversidade e geram riqueza

© 2019 - Paulo Rogério Nunes
Direitos em língua portuguesa para o Brasil:
Matrix Editora
www.matrixeditora.com.br

Diretor editorial
Paulo Tadeu

Edição
Atelier do Conteúdo: Ariane Abdallah e Ronaldo D'Ercole

Capa, projeto gráfico e diagramação
Allan Martini Colombo

Transcrição das entrevistas
Juliane Alves
Vitalina Carmo

Revisão
Cida Medeiros
Keila Costa
Donminique Azevedo
Caetano Ignácio

Créditos das fotos
Foto do autor: Ricardo Prado
Página 26: Juliana Almeida. Página 34: Ênio César. Página 42: Divulgação/
Diaspora.Black. Página 50: Arquivo Hand Talk. Página 56: GNetwork360.
Página 62: Marino Mirante. Página 76: Paulo Liebert. Página 84: Rodrigo Fuzar.
Página 94: Luiz Ferreira. Página 100: Kleber Sampaio. Página 116: Deon Jones.

CIP-BRASIL - CATALOGAÇÃO NA PUBLICAÇÃO
SINDICATO NACIONAL DOS EDITORES DE LIVROS, RJ

Nunes, Paulo Rogério
Oportunidades invisíveis / Paulo Rogério Nunes. - 1. ed. - São Paulo: Matrix, 2019.
144 p. ; 23 cm.

ISBN 978-85-8230-581-2

1. Administração de empresas. 2. Sucesso nos negócios. 3. Empresas - Aspectos
sociais. 4. Integração social. I. Título.

| 19-59363 | CDD: 658.408 |
| | CDU: 005.35 |

Meri Gleice Rodrigues de Souza - Bibliotecária CRB-7/6439

Sumário

PREFÁCIO 9

INTRODUÇÃO 13

CAPÍTULO 1
Rádio Yandê: uma plataforma on-line de culturas indígenas 27

CAPÍTULO 2
Laboratório Fantasma: das ruas da periferia ao *mainstream* 35

CAPÍTULO 3
Diaspora.Black: startup de turismo que desafia o racismo 43

CAPÍTULO 4
Hand Talk: um tradutor de bolso para a língua de sinais 51

CAPÍTULO 5
Viajay: plataforma de turismo para o público LGBTI+ 57

CAPÍTULO 6
Makeda Cosméticos: a revolução estética das mulheres negras . . . 63

CAPÍTULO 7
Lady Driver: o aplicativo de transporte para mulheres 77

CAPÍTULO 8
Xongani: o poder da moda afro 85

CAPÍTULO 9
EmpregueAfro: abrindo portas a profissionais negros nas empresas
.... 95

CAPÍTULO 10
DaMinhaCor: touca de natação própria para cabelos afro 101

CAPÍTULO 11
Inovadores independentes 117

EPÍLOGO 133
AGRADECIMENTOS 137
REFERÊNCIAS BIBLIOGRÁFICAS 141

A paz não é simplesmente a ausência de conflito, a paz é criação de um entorno em que todos possamos prosperar, independentemente de raça, cor, credo, religião, sexo, classe, casta ou qualquer outra característica social que nos distinga. A religião, as características étnicas, o idioma e as práticas sociais e culturais são elementos que enriquecem a civilização humana, que se somam à riqueza de nossa diversidade.

Nelson Mandela

PREFÁCIO

Helio Santos

Este livro de estreia de Paulo Rogério Nunes é consequência de uma necessidade do autor de tornar público um roteiro de experiências que impactam o campo social e econômico de forma inovadora, e algumas delas de maneira disruptiva mesmo. Paulo Rogério não tinha como manter para si tais iniciativas que inspiram e fomentam a sua própria trajetória de sucesso. Torná-las públicas era um anseio que não devia mais ser adiado, pois ratifica suas convicções.

Trata-se, portanto, de um livro já esperado. Por qual lente um jovem oriundo do subúrbio de Salvador – o bairro Alto da Terezinha – lê iniciativas empresariais que fogem do figurino habitual? São lições de empresas que quebram o que está estabelecido como normal no mundo dos negócios. Para responder a essa pergunta é preciso pinçar alguns breves dados da história dessa liderança conhecida e reconhecida dentro e fora do Brasil.

A formação em Publicidade por certo auxiliou o comunicador Paulo Rogério a captar oportunidades e avaliá-las por um ângulo pragmático. Todavia, a vocação do autor sempre foi impactar a vida das pessoas cujos talentos são invisibilizados pela falta de oportunidade, pelo preconceito, sexismo, racismo e pela ausência de um *networking* a que os grupos marginalizados ainda não têm acesso em nosso país.

Como facilitador, conheci Paulo Rogério há cerca de 15 anos em oficinas de um programa de formação de jovens lideranças negras, quando ele cursava Publicidade na Universidade Católica do Salvador. Tratava-se de um treinamento voltado para jovens com potencial diferenciado feito pelo Instituto Steve Biko. Impressionou-me desde então a forma quase obsessiva como aquele jovem calouro buscava compreender a superação das desigualdades pelo caminho econômico.

Como explicar o fato de a população majoritária não ser tratada em seu justo potencial econômico e intelectual? Por que mulheres e jovens da periferia com suas trajetórias de superação, forjadas em um ambiente de dificuldades estruturais, não faziam vingar negócios de impacto social e econômico? É certo que o que se convencionou chamar "racismo estrutural" explica parte desse questionamento. Mas para garimpar e resolver essas questões, o autor estudou e viajou mundo afora. Oriundo da periferia, ele sabia bem que periferia era ouro puro – apesar de alguns setores da sociedade ainda preferirem bijuterias. Antes de ir para os Estados Unidos, ele, já na condição de líder de projeto de impacto social, desenvolveu com outros jovens um centro de mídia focado na quebra da invisibilidade do mundo afro-brasileiro, o Instituto Mídia Étnica.

Mas é a partir de 2016, com a criação da Holding Social Vale do Dendê em Salvador, que Paulo Rogério assume um papel de liderança estratégica que busca reinventar uma cidade de reconhecido potencial criativo, mas detentora de um *branding* de baixa intensidade econômica.

Paulo Rogério é um sonhador que tem o bom senso de manter os pés no chão. Como CEO da Vale do Dendê, tem reafirmado, com convicção calma e segura, que é preciso transformar Salvador, tornando a cidade a capital da inovação, potencializando seu ecossistema de economia criativa a partir de um polo de desenvolvimento inclusivo em que a diversidade e a igualdade de oportunidades caminhem juntas, não deixando de fora os talentos "malnascidos" que por isso são desperdiçados. De uma maneira breve, essa é a pegada de Paulo Rogério à frente da Holding Vale do Dendê – um Vale do Silício com o tempero baiano. Isso não é pouca coisa. Trata-se de revolucionar a cidade com a maior população negra, em termos relativos, fora da África – Salvador, conhecida como "Roma Negra", lugar onde 82% das pessoas se autodeclaram pretas ou pardas, segundo a PNAD Contínua (IBGE, 2017).

A inovação e a diversidade em sua ampla acepção são os vetores que hoje movem a vida de Paulo Rogério. Por isso ele se lançou com entusiasmo neste livro, a fim de proporcionar aos leitores um flagrante explicativo – com a qualidade de alguém que hoje ensina Comunicação

Oportunidades invisíveis

na universidade onde se formou –, em que o invisível se quebra diante do sucesso de empresas que apostaram no novo; naquilo que a maioria não observa com as lentes argutas do autor.

Paulo Rogério busca fazer links entre o campo social e o setor corporativo, agregando dois vetores que nem sempre costumam estar juntos: o ativismo impregnado pela diversidade e o pragmatismo corporativo que requer desempenho, qualidade e resultado.

Os *cases* trazidos pelo autor são mostrados por uma câmera minuciosa que evidencia não só as iniciativas em si – ricas e bem-sucedidas –, mas trazem um complemento saboroso que são os bastidores vivenciados pelas figuras humanas que desenvolveram e acreditaram na produção inovadora de um serviço/produto que o mercado tradicional não foi capaz de captar. Assim ficamos conhecendo como o grave problema do assédio e do desrespeito sofridos pelas mulheres tem uma original solução que se torna um empreendimento de sucesso, premiado e reconhecido.

Aqui nos é revelado o caso da *startup* de turismo que desafia o racismo. Tomamos conhecimento da incrível história de sucesso de uma plataforma de cultura indígena on-line – um portal de notícias e serviços de *streaming* de conteúdo musical –, o que contesta de forma exemplar aqueles que ainda veem os povos indígenas de maneira estereotipada e preconceituosa. Temos outra iniciativa que supre as carências existentes num mercado que ainda trata (em verdade maltrata) os consumidores negros com desdém e que, por isso, é um estupendo sucesso, pois atende a maioria da população. Ainda buscando atender os esquecidos, há a iniciativa emocionante que nasce no Nordeste e hoje se consolida e estabelece no Vale do Silício, após ter sido premiadíssima por oferecer serviços às pessoas com necessidades especiais de audição. Há vários outros casos – instigantes, disruptivos alguns, mas todos inspiradores.

A periferia brasileira ainda convive com aguda pobreza em face da falta de oportunidades, mas ostenta um vasto potencial, parte em razão das próprias dificuldades que os moradores dessas regiões enfrentam em seu cotidiano. Paulo Rogério desnuda um rico potencial que vem brotando do Brasil profundo e que oferece ao país plenas possibilidades de mudanças positivas. Nesse sentido, este livro não é uma narrativa comum. Ele aponta oportunidades ainda invisíveis para muitos, mas cujo impacto já começa a ser percebido.

A leitura das lições trazidas pelos protagonistas escolhidos a dedo pelo autor demonstra que a chamada "luz no fim do túnel" tem uma procedência inequívoca: o mundo rico e diversificado daquelas pessoas que têm na inovação o caminho para consolidar o seu sucesso. Paulo Rogério traz como matéria-prima em sua seleção de iniciativas algo de que o mundo não pode abrir mão: talento. Nenhum país pode, impunemente, desperdiçar talentos, e o Brasil tem sido pródigo nesse particular. Nota-se em diversas regiões uma força invisível ainda a ser decifrada, mas que já começa a impactar nosso horizonte tardio de maneira promissora. O próprio autor é uma prova inteira dessa possibilidade.

Paulo Rogério Nunes não está no ápice de uma trajetória, pois ainda é jovem, mas é uma força em movimento que já vem colhendo ao longo dela aquilo que podemos chamar de "vitórias" (no plural). O que fica bem demonstrado neste livro é que a fase ainda é de semeadura, cuja colheita deve encorajar novos *players* inspirados pelos casos narrados nesta obra de justificado otimismo.

São sonhos que apostam em como transformar problemas em solução.

> **Helio Santos** é doutor em Administração e mestre em Finanças pela Universidade de São Paulo (USP). Palestrante e consultor na área de gestão da diversidade (inclusão de mulheres, negros e pessoas com deficiência no mundo corporativo). Autor do livro *A busca de um caminho para o Brasil: a trilha do círculo vicioso*, ensaio que explicita o vínculo entre desenvolvimento e inclusão sociorracial. É diretor-presidente do Instituto Brasileiro da Diversidade (IBD) e ocupou a presidência do Conselho Deliberativo do Fundo Baobá para a Equidade Racial. Faz parte do conselho global Solidarity Council on Racial Equity (SCoRE) da Fundação Kellogg e do conselho da Oxfam Brasil. É cofundador da Vale do Dendê. Fez parte da Comissão Provisória de Estudos Constitucionais, conhecida como Comissão Affonso Arinos, formada por juristas e estudiosos de diversas áreas, encarregada de elaborar um anteprojeto de constituição para a Assembleia Constituinte que elaborou a Constituição de 1988.

INTRODUÇÃO

Em 5 de outubro de 2017, Barack Obama veio ao Brasil pela segunda vez. Ele, que estivera no país em 2011 como chefe de Estado, havia deixado a presidência dos Estados Unidos meses antes, em janeiro. Voltava ao país para promover sua fundação, criada em 2014, com o objetivo de inspirar uma nova geração de líderes pelo mundo. Depois de falar pela manhã a executivos, empresários e profissionais do mercado, Obama reuniu-se à tarde para conversar com 11 jovens brasileiros criadores de projetos inovadores em diferentes regiões do país. Eu tive a honra de ser um dos escolhidos a participar daquele encontro, em São Paulo.

Um dia memorável. Afinal, tratava-se de um encontro privado com um dos mais carismáticos líderes políticos da atualidade. Para mim, a experiência era ainda mais instigante, pois, como jovem afro-brasileiro e único nordestino, sabia que estaria ali representando muitos outros da minha geração, que assim como eu têm na trajetória de Obama uma inspiração: o advogado negro que atuava em áreas excluídas de Chicago, nascido no Havaí, chegou ao topo da carreira política e se tornou uma das personalidades mais admiradas em todo o mundo. Eu estava ansioso e também muito animado.

Em 2008, tinha acompanhado cada etapa da campanha que o elegeu presidente dos Estados Unidos, o primeiro negro, com sobrenome africano, a ocupar a Casa Branca. Foi uma grande emoção assistir à sua posse pela CNN. O simbolismo de uma família negra ter ocupado aquele espaço, creio, terá impacto por muitas gerações. Ainda hoje, guardo os principais jornais e revistas com a cobertura do resultado daquela eleição. Exemplares da revista *Time* e dos jornais *Washington Post* e *The New York Times*, que preservo como documentos históricos.

Paulo Rogério Nunes

O encontro foi incrível. Logo ao entrar na sala de reunião, descobri que me sentaria ao lado de Obama, em uma mesa oval, em um local reservado pela sua Fundação. Ponderei, naquele momento, comigo mesmo, sobre o que seria fundamental que ele soubesse a respeito do Brasil. Decidi falar dos desafios da comunidade afro-brasileira. Contei a Obama sobre o tamanho da população afrodescendente – pretos e pardos representam mais de 50% dos brasileiros –, e disse a ele que a diversidade na mídia nacional é muito pequena aqui no país. Nos Estados Unidos, embora sejam aproximadamente 13% da população[1], há dezenas de revistas, jornais, rádios e canais de televisão direcionadas de propriedade de empreendedores afrodescendentes.

Falei a ele que precisávamos nos conectar com nossos irmãos e irmãs afro-americanos. Essa minha abordagem aparentemente chamou sua atenção, logo depois recebi um convite da Fundação Obama para falar no palco principal do primeiro encontro internacional de iniciativa do ex-presidente que se realizaria em Chicago dali a um mês, onde tive a oportunidade de falar sobre o Brasil para ele e mais de 500 líderes globais, incluindo Michelle Obama e o príncipe Harry do Reino Unido.

É bastante reconhecido o papel que a mídia negra teve para a luta dos direitos civis nos Estados Unidos, para a consolidação de uma classe média afro-americana e para a eleição de Barack Obama à presidência. O apoio de artistas, empreendedores e celebridades foi decisivo para a sua ascensão política. Esses apoios abriram caminho para que Obama figurasse numa reportagem de capa da revista *Time*, de outubro de 2006, com o sugestivo título: "Why Barack Obama could be the next president" ("Por que Barack Obama poderia ser o próximo presidente")[2]. Um impulso definitivo à sua candidatura, dois anos antes das eleições.

Veículos como as influentes revistas *Ebony* e *Essence Magazine*,

---

1 Disponível em: <https://www.pewresearch.org/fact-tank/2018/02/22/5-facts-about-blacks-in-the-u-s/>. Acesso em: 19 ago. 2019.
2 Disponível em: <http://content.time.com/time/covers/0,16641,20061023,00.html>. Acesso em: 19 ago. 2019.

Oportunidades invisíveis

especializadas em cultura e estilos de vida afro-americanos; programas de rádio como o do reverendo Al Sharpton, *The Tom Joyner Morning Show*; e canais de TV negros como BET e TV ONE, também noticiaram a campanha de Obama, dando-lhe espaço e visibilidade. Essa exposição massiva o ajudou a sair vitorioso nas prévias do Partido Democrata, e depois a conquistar o voto da maioria dos americanos, para se tornar o 44º presidente dos Estados Unidos. A estratégia de convergência da mídia negra estadunidense em torno de Obama foi destacada em uma série de reportagens pelo jornal *The New York Times*, em junho de 2008, meses antes da reta final da eleição.

O racismo não tira férias

Saí daquele encontro, em um hotel de São Paulo, feliz e motivado a continuar o trabalho que realizo desde o início dos anos 2000: debater e propor caminhos para que o Brasil seja um país mais inclusivo e que valorize sua diversidade e cultura. Porém, pouco tempo depois de deixar o hotel acompanhado de minha esposa, a também publicitária Keila Costa, tive uma experiência desagradável. A cena que se seguiu não deixava dúvidas de que os problemas raciais continuam latentes e transcendem até referências objetivas, como a condição socioeconômica das pessoas.

Queríamos apenas almoçar e celebrar aquele dia tão especial. Mas o "racismo não tira férias", como dizemos nos movimentos negros. Em um shopping center na região do hotel, perguntei ao segurança se havia algum local próximo para almoçar. Ele nos indicou um restaurante, mas emendou uma advertência: "Talvez seja muito caro para vocês".

Pronto. A alegria de ter estado com uma das personalidades mais influentes do mundo deu lugar à frustração da lembrança de que, no Brasil, a cor da pele ainda é um "cartão de visita". De que os estereótipos raciais persistem como uma ferida aberta. Pouco importava ao segurança como estávamos vestidos, ou que fôssemos um casal de publicitários com recursos para frequentar qualquer restaurante do shopping.

Provavelmente, o segurança nunca fora treinado de forma adequada para atender clientes negros, ou ouvira falar sobre o tema da diversidade. Aparentemente sem intenção de ofender, ele apenas externou o senso comum de nossa sociedade (associar pessoas de pele negra à pobreza), que é fruto do racismo institucional que limita a ascensão econômica de pessoas negras.

Mais surpreendente, porém, é constatar que o respeito à diversidade enfrenta resistências até mesmo em instituições que já deveriam tê-las superado. Certa vez, numa renomada universidade pública do Rio de Janeiro, que visitei como representante de um evento do Berkman Klein Center da Universidade Harvard, do qual era afiliado à época, uma professora me entregou a chave do seu armário, imaginando que eu fosse o porteiro do prédio.

Conto esses episódios porque os considero uma síntese da temática deste livro, cuja ideia central é mostrar que o respeito à diversidade precisa ser um valor fundamental para as organizações do século XXI – sejam corporações privadas, sejam instituições públicas. E que, independentemente da profissão, origem social e crença, as pessoas não podem mais relegar essa questão a um segundo plano. Ou, pior, ignorá-la.

Por meio de relatos de histórias e experiências de empreendedores e empreendedoras, pretendo demonstrar aqui que há no Brasil um grande movimento de negócios que estão inovando com o tema da diversidade, criando, cada vez mais, soluções inovadoras, de impacto social e ajudando o país a crescer. São empresas que trabalham em temas como raça/etnia, gênero, classe social, pessoa com deficiência, atendendo o público com mais de 60 anos (60+) e a população lésbica, gay, bissexual, travesti, transexual e intersexual (aqui representada pela sigla LGBTI+)[3].

Esta não é uma obra acadêmica. Entretanto, ela pretende servir de fonte para profissionais de comunicação, gestão e marketing que queiram entender a diversidade a partir da perspectiva dos negócios. Ao mesmo tempo, este é um relato social interessante para o público em geral, ao apresentar histórias inspiradoras de pessoas que superaram as adversidades da vida e criaram soluções originais para atender públicos que historicamente são negligenciados em seus direitos básicos.

Além disso, este livro pretende ser uma fonte de informações para empreendedores desse mesmo segmento que estão começando e

---

3 Disponível em: <https://unaids.org.br/wp-content/uploads/2018/05/manual-comunicacao-LGBTI.pdf>. Acesso em: 19 ago. 2019.

Oportunidades invisíveis

precisam de dicas sobre modelos de negócios que deram certo no campo da diversidade e impacto social.

Infelizmente é fato que, enquanto grandes empresas dos principais mercados do mundo veem e valorizam a diversidade e o multiculturalismo como fatores competitivos, no mercado brasileiro ainda é comum se classificar como "mimimi" manifestações de insatisfação do consumidor – como a minha sensação diante da atitude daquele segurança do shopping center, por exemplo. Esse descompasso precisa ser corrigido.

Este livro foge da ideia da meritocracia e reconhece que os empreendimentos inovadores são exceções em um país onde o racismo, o machismo, a LGBTfobia e a falta de oportunidades para pessoas com deficiências são uma triste realidade. O critério de escolha dos negócios relatados adiante foi menos o faturamento, a lucratividade ou o reconhecimento público, e mais o caráter inovador que representam para o mercado brasileiro.

Pesou em minha decisão de fazer o livro o fato de eu transitar em duas realidades bem distintas: a do ativismo social, onde desde a adolescência, como jovem negro da periferia de Salvador, aprendi a entender as contradições do mundo; e a da chamada "comunidade dos negócios", com seus eventos corporativos e congressos internacionais de tecnologia, que frequento há alguns anos como publicitário, empreendedor e consultor.

Foi participando de cursos e debates promovidos por organizações como o Instituto Steve Biko (que criou o primeiro curso pré-vestibular para pessoas negras no Brasil), Ceafro (programa pioneiro de extensão sobre raça e gênero dentro da Universidade Federal da Bahia), movimentos sociais e debates promovidos por instituições culturais como Ilê Aiyê e Olodum, que me tornei um defensor ativo da diversidade e dos direitos humanos.

Ter cursado a faculdade de Comunicação Social, com habilitação em Publicidade e Propaganda, me permitiu entender desde cedo a dinâmica do mundo dos negócios, com seu pragmatismo. Ao mesmo tempo em que percebi que o campo social ainda não se apropriou plenamente da linguagem do setor empresarial, ao passo que este está ainda distante da compreensão de que a diversidade é um ativo valioso para o mundo dos negócios.

A combinação de algumas dessas experiências e percepções (atuando em diversos projetos) me levou, ainda em 2005, a convidar colegas do curso de Comunicação para fundarmos o Instituto Mídia Étnica, uma organização que tem como objetivo o desenvolvimento de projetos de comunicação e que é uma das pioneiras no uso de tecnologias digitais voltadas à comunidade afro-brasileira. Uma dessas inovações foi o portal de notícias Correio Nagô, que desde 2008 vem cobrindo os temas ligados à comunidade afro-brasileira e tem sede em Salvador.

Anos depois, em 2016, eu e três sócios criamos a Vale do Dendê, uma holding social que trabalha para transformar Salvador na capital brasileira da economia criativa e mantém um programa de aceleração de empresas, uma consultoria e uma escola de inovação.

Mais recentemente, em parceria com um grupo de empreendedores dos Estados Unidos e de outros países da diáspora africana, criamos uma empresa de atração de investimentos para o Brasil, a Afar Ventures. Também me associei como consultor à empresa Casé Fala, para desenvolver projetos de comunicação, treinamento e palestras para empresas.

Vale observar que a minha opção pelo ativismo social e empresarial não se baseou meramente em motivação pessoal. Números e dados também influenciaram essa decisão. Como o estudo Diversity Matters ("A diversidade importa"), da consultoria global Mckinsey & Company[4], que analisou os dados de 366 empresas de capital aberto de diferentes setores no Canadá, na América Latina, no Reino Unido e nos Estados Unidos. O levantamento mostrou que aquelas que investem mais em políticas de diversidade de gênero, de raça e etnia são 35% mais propensas a serem mais lucrativas que a média dos concorrentes. E também o estudo da ONU que mostra que se houvesse igualdade entre os gêneros, o ganho no PIB anual no mundo seria de 28 trilhões de dólares até 2025[5].

---

4 Disponível em: <https://www.mckinsey.com/business-functions/organization/our-insights/why-diversity-matters/pt-br>. Acesso em: 19 ago. 2019.
5 Disponível em: <http://agenciabrasil.ebc.com.br/direitos-humanos/noticia/2017-10/igualdade-entre-homem-e-mulher-pode-agregar-us-28-tri-ao-pib-ate>. Acesso em: 19 ago. 2019.

Oportunidades invisíveis

Um abismo entre problema e solução

É incrível que a diversidade ainda seja vista por muitos no Brasil como um tabu, e debatida, quase sempre, apenas no meio acadêmico e entre movimentos sociais. Não é raro também ver o tema sendo tratado com um viés assistencialista. Ou simplesmente desprezado.

A assimetria entre a importância das ações inclusivas pleiteadas pelos ativistas e a resposta do mercado sempre me intrigaram. Quando ganhei uma bolsa de estudos, pude dedicar mais de um ano à compreensão desse tema nos Estados Unidos. Ficava fascinado à medida que mergulhava na cultura empresarial estadunidense. Apesar de saber que há muito a ser feito para a inclusão real de grupos discriminados lá (o que é bem lembrado por ativistas e estudos), ao comparar com o Brasil, vemos que estamos com alguns anos de atraso nesse aspecto.

Primeiro, porque lá a diversidade já é um valor incorporado pela maioria das grandes companhias, ao menos no discurso oficial, o que se traduz em muitas ações institucionais para que mais mulheres, afrodescendentes, latinos e pessoas das mais diferentes origens possam ascender a cargos de liderança. A lógica por trás dessas políticas inclusivas é de que times diversos pensam de forma heterogênea, e isso resulta em vantagens competitivas. Nos Estados Unidos existe até uma organização para executivos nas 500 maiores empresas, a Executive Leadership Concil, que desde 1986, além dos programas de mentoria, reúne mais de 2 mil profissionais anualmente para pensar a diversidade nos cargos executivos das empresas.

Da mesma forma, me surpreendi anos depois quando fui a Nova York, a um evento da iniciativa Wall Street Project da Rainbown Push Coaltion, organização criada pelo ativista afro-americano Jesse Jackson, e descobri que, desde 1997, a organização abre portas para empresas negras dentro do mercado financeiro. Tive a oportunidade de conhecer grandes investidores negros, alguns proprietários de bancos e instituições financeiras, algo inimaginável no Brasil atual.

Outro ponto que chamou minha atenção foi a adoção pelas empresas de estratégias explícitas de valorização da diversidade em ações de comunicação externa (campanhas publicitárias), buscando ampliar ao máximo o público, que é cada vez mais diverso, não apenas do ponto de vista étnico-racial e de gênero, mas também em termos de comportamento e visão de mundo.

Assim como já ocorre nos grandes mercados de países chamados desenvolvidos, como Canadá, Estados Unidos e Inglaterra, as marcas no Brasil precisam entender definitivamente que seus consumidores/clientes têm hábitos, códigos e valores culturais, e que, com a disseminação da tecnologia digital, erros na comunicação podem destruir rapidamente a sua reputação.

A concepção da diversidade também deve ser a mais ampla possível. A diversidade religiosa dentro das empresas, por exemplo, é importante para evitar a apropriação indevida de símbolos sagrados. Da mesma forma, a inclusão de minorias étnicas, imigrantes e refugiados junto com o que hoje já é mais discutido, como as questões étnico-raciais, de gênero, diversidade sexual, Pessoas com Deficiência (PCDs), dentre outros temas, faz com que as empresas sejam mais inovadoras.

Outra frente importante de avanço da diversidade no mundo dos negócios se dá na escolha de fornecedores. Nos Estados Unidos, por exemplo, as empresas vêm adotando estratégias diferenciadas na definição de suas cadeias de fornecedores, com a inclusão de serviços e produtos oferecidos por pequenas empresas lideradas por mulheres, negros e outros grupos étnicos historicamente excluídos. Além da lógica social, de estímulo econômico a tais segmentos, há a ideia de que, por meio das associações com parceiros diferentes, as grandes empresas consigam identificar mercados e nichos que ficariam fora dos seus radares, habituados a mirar os grandes contingentes de consumidores.

A Billion Dollar Roundtable é um bom exemplo dessa nova visão de negócios. Trata-se de uma organização criada em 2001, cujas companhias associadas têm de se comprometer a gastar anualmente ao menos 1 bilhão de dólares na aquisição de insumos, produtos e serviços de empresas de grupos liderados por pessoas oriundas dos setores politicamente minoritários. IBM, Dell, Apple, Walmart, Toyota e Ford são algumas das gigantes que integram a organização.

De modo geral, a ideia de mais diversidade e acesso a mercados emergentes tem ecoado com força em companhias globais. Gigantes da tecnologia do Vale do Silício já estão abrindo centros de pesquisa na África, da mesma forma que marcas chinesas estão buscando o próximo bilhão de consumidores que estão fora do Ocidente.

A marca chinesa Transsion Holdings, por exemplo, lançou o smartphone Tecno em vários países africanos, que ao longo dos anos ganhou espaço nesses mercados, ultrapassando até a Apple em alguns contextos[6]. Na Etiópia, a marca foi a primeira a desenvolver um teclado em amárico, língua oficial para quase 80 milhões de etíopes. Além disso, há teclados em hauçá (língua falada na Nigéria) e suaíli (idioma falado no Quênia, em Uganda, Tanzânia e partes de Moçambique).

O sucesso do celular, manufaturado no continente africano, vai além do preço, pois eles também otimizaram a câmera para fotografar pessoas com pele mais escura. Como relatou em 2018 à CNN Business, o vice-presidente da marca, Arif Chowdhury: "Nossas câmeras ajustam mais luz para a pele mais escura, então a fotografia é mais bonita", diz ele. "Essa é uma das razões pelas quais nos tornamos bem-sucedidos."

Embora estejamos ainda distantes dos níveis de mobilização das companhias globais, a boa notícia é que a diversidade vem ganhando espaço na pauta de debates no Brasil. E o ano de 2017, coincidentemente, parece ter sido um divisor de águas nesse movimento. Importantes publicações especializadas em economia e negócios passaram a dedicar grandes espaços a reportagens relacionadas à diversidade.

Em abril, por exemplo, logo após a corajosa denúncia do renomado executivo Theo Van der Loo, em seu LinkedIn, sobre casos de racismo na seleção de funcionários no mundo corporativo, a revista *Você S/A* destacou na capa a história da única CEO negra do Brasil, a executiva Rachel Maia, à época na empresa Pandora (hoje na Lacoste); a *Época Negócios* tratou da inclusão LGBTI+ com a capa "Vamos falar sobre diversidade", em sua edição de junho; em outubro, foi a vez da *Pequenas Empresas, Grandes Negócios* estampar em sua capa uma mulher negra, a empreendedora paulista Adriana Barbosa, fundadora da Feira

---

6 Disponível em: <https://edition.cnn.com/2018/10/10/tech/tecno-phones-africa/index.html>. Acesso em: 20 ago. 2019.

Preta; naquele mesmo mês, a revista *Exame* deu destaque às mulheres executivas, assunto que a *Forbes* abordaria em sua edição de dezembro.

Essas reportagens ecoaram no mundo corporativo e endossaram uma tese que os movimentos sociais defendem há tempos, sem atrair a devida atenção do mercado: a diversidade faz bem para as empresas. Ou, como bem colocou a diretora-geral da PayPal no Brasil, Paula Paschoal, em uma entrevista à *Época Negócios, em* 2017: "Sem diversidade, não há inovação"[7].

Partindo dessa premissa, para avançarmos é preciso derrubar mitos, como a ideia de que as comunidades periféricas são locais com baixo índice de inovação e tecnologia. Ou, como ensina o renomado estrategista de mercados, o indiano C. K. Prahalad, no clássico livro *A riqueza na base da pirâmide: erradicando a pobreza com o lucro:* "Se pararmos de pensar nos pobres como um fardo, e começarmos a reconhecê-los como empreendedores incansáveis, criativos, e consumidores conscientes de valor, um mundo totalmente novo de oportunidades se abrirá".

Respeitados pensadores contemporâneos concordam que as próximas inovações não mais virão apenas de polos tecnológicos como o Vale do Silício. Autores como Vijay Govindarajan, Chris Trimble e o próprio Prahalad vêm ressaltando que as "periferias globais" têm criado soluções "altamente escaláveis" e de impacto social capazes de transformar o mundo. A chamada "Inovação Reversa" (título de um dos livros de Vijay Govindarajan) está desafiando paradigmas e produzindo disrupções que muitas vezes surpreendem as grandes empresas e instituições.

Não é preciso ir longe para perceber isso. Se olharmos as próprias periferias do Brasil sem a lente do preconceito, veremos que elas são celeiros de inovação. Afinal, os moradores desses territórios, verdadeiros sobreviventes dessa brutal desigualdade, conseguiram, com muita resiliência, desenvolver soluções inovadoras para vencer a falta de recursos e o abandono do Estado.

O mototáxi é um desses exemplos. Uma invenção criada nesses territórios para resolver o problema das ruas pouco acessíveis e os serviços de táxi caros. Essas "gambiarras", muitas vezes vistas com desdém pelos executivos, são soluções muito criativas. O livro *Implementando*

---

7 Disponível em: <https://epocanegocios.globo.com/Empresa/noticia/2017/11/sem-diversidade-nao-ha-inovacao.html>. Acesso em: 20 ago. 2019.

Oportunidades invisíveis

a inovação, da série "Gestão orientada para resultado", da Harvard Business School, traz um artigo dos pesquisadores Scott D. Anthony e Clayton M. Christensen que desconstrói os mitos sobre a inovação e diz que "Ninguém discute que tecnologia é fundamental, mas, às vezes, ela é apenas uma lantejoula a mais. A inovação pode apontar para novas formas de fazer negócio, de ganhar dinheiro e de compreender o que os consumidores desejam".

É preciso estar atento, entretanto, aos perigos de falsas políticas de diversidade nas corporações, que são empregadas, muitas vezes, para enganar as pessoas e que podem ser desastrosas para as marcas. Com o uso ostensivo da tecnologia digital, os consumidores são cada vez mais proativos e cobram posturas verdadeiras das empresas.

Como observa o estrategista de marketing Hayagreeva Rao em seu livro *Os revolucionários dos negócios: aprenda com os movimentos sociais a promover inovações nas suas empresas,* hoje são as "mãos dadas" dos ativistas que cobram mais transparência e inclusão nas corporações e são uma nova força política no mundo dos negócios.

Do exclusivo ao inclusivo

Nesse novo contexto, é imprescindível destacar o papel dos chamados "empreendedores sociais", pessoas que criam negócios não apenas motivadas pelo lucro, mas sobretudo para tentar transformar uma realidade. Ou por acreditar em uma causa social. O termo foi popularizado pela Ashoka, organização global da qual tenho a honra de ser associado desde 2008.

Vou apresentar mais adiante *cases* de empreendedores inovadores que estão fora do radar dos grandes fundos de investimento e que vêm desbravando novas fronteiras de mercados até então invisíveis para os gestores de grandes corporações.

Histórias como a de Gabryella Corrêa, que fundou a Lady Driver, o maior aplicativo de transportes para mulheres do mundo, depois de sofrer assédio em um táxi; de Anápuàka Tupinambá, que criou a primeira rádio on-line para divulgar a cultura dos povos indígenas/originais do Brasil; e de Ronaldo Tenório, que criou um *app* para traduzir o português para a língua de sinais, promovendo inclusão a milhares de pessoas com problemas auditivos.

Proponho-me assim, neste livro, romper com a visão restrita que persiste em torno da diversidade, ainda confundida com assistencialismo, como "um favor às minorias". O mundo mudou. É preciso pensar a diversidade como um ativo para as empresas e a sociedade de um modo geral. "Foi-se o tempo em que a meta era ser exclusivo. A inclusão tornou-se a nova tendência", resume Philip Kotler, considerado um dos pais do marketing moderno, em seu livro *Marketing 4.0: do tradicional ao digital*.

Apresento aqui experiências internacionais sobre a descoberta de nichos de mercados, de empreendimentos que durante algum tempo tiveram a viabilidade econômica questionada por serem negócios ligados à diversidade. Quando surgiram, todas essas empresas eram vistas com grande reserva por analistas de mercado e concorrentes, mas ao longo do tempo elas se provaram lucrativas e passaram a ser cobiçadas pelos grandes conglomerados econômicos.

A Sundial Brands, por exemplo, foi fundada em 1992 por um imigrante da Libéria (África). Com vendas na casa das centenas de milhões de dólares, em 2017 a empresa foi comprada e incorporada pela Unilever, que junto ao cofundador da empresa, Richelieu Dennis, criou um fundo de investimentos de 100 milhões de dólares, o New Voices Fund, para estimular mulheres negras a empreenderem.

Esse é o espírito deste livro: mostrar que investir em diversidade não só contribui para reduzir a desigualdade, um problema ainda gravíssimo no país, mas também gera lucro e inovação. Por isso, é essencial destacar a importância dos muitos empreendedores que estão transformando o Brasil por meio de microrrevoluções silenciosas que geram emprego e renda e ajudam a reduzir as mazelas sociais.

Os *cases* listados neste livro são uma amostra do poder da diversidade. São histórias que, apesar de inovadoras e com possibilidades de causar um grande impacto social, muitas vezes não tiveram tanta visibilidade e acesso ao capital para crescer. Apresento aqui a ideia da "inovação diversa", que, diferentemente do conceito de "inovação aberta", tem como proposta criar processos de aprendizado empresariais ao escutar,

Oportunidades invisíveis

produzir e criar em conjunto soluções com um público diverso, buscando ativamente essas parcerias e cooperações.

Ao listá-las aqui não estou necessariamente dizendo que são empresas perenes ou altamente lucrativas, e muito menos usando-as como exemplo de meritocracia (conceito em que não acredito, ao menos na forma como usada no debate público brasileiro)[8], mas conto um pouco da história delas por serem iniciativas inovadoras e, em alguns casos, disruptivas, e por olharem ângulos de mercados não percebidos por grandes empresas. Além disso, são raras exceções justamente pela falta de investimentos no setor da diversidade e no do empreendedorismo de impacto social, por isso merecem mais visibilidade e reconhecimento.

Espero, por fim, que este livro inspire o leitor a se engajar nesse movimento por maior equidade no Brasil. Reconheço a limitação de cobrir todos os temas dentro do guarda-chuva da diversidade e sobre o meu próprio "lugar de fala" (vale ler a autora Djamila Ribeiro em seu *O que é lugar de fala*), pois na condição de homem afro-brasileiro acumulei nos últimos 15 anos muito mais conhecimento sobre o tema das relações raciais (por isso fiz um texto especialmente sobre esse assunto neste livro), apesar de ficar com um radar atento aos outros temas urgentes que precisam ser discutidos na sociedade.

A ideia é que este livro seja um guia para que os leitores possam buscar outras referências sobre temas específicos. Esta obra, portanto, traz argumentos que reforçam as virtudes da diversidade como um valor estratégico tanto do ponto de vista moral (o justo a ser feito) como para o mundo dos negócios (o que é bom para economia). As escolhas são livres. O importante é que as pessoas saiam de suas bolhas, abracem a diversidade e inovem mais.

Boa leitura!

---

8 Disponível em: <https://www.nexojornal.com.br/externo/2019/03/16/A-cren%C3%A7a-na-meritocracia-n%C3%A3o-%C3%A9-apenas-falsa-%C3%A9-ruim-para-voc%C3%AA>. Acesso em: 20 ago. 2019.

Anápuàka Muniz Tupinambá Hã Hã Hãe

1

RÁDIO YANDÊ: UMA PLATAFORMA ON-LINE DE CULTURAS INDÍGENAS

Os indígenas brasileiros vivem em constante ameaça no país, seja para manter a posse de suas terras, os que ainda as têm, seja para preservar suas identidades e culturas. Até existem instituições e leis que definem políticas de proteção para as etnias originais do Brasil. Mas, ao contrário dos discursos oficiais, os quase 900 mil indígenas brasileiros mal conseguem se fazer ouvir, e acabam ficando à margem da sociedade, ameaçados em seus próprios territórios ou vivendo confinados em comunidades precárias nas periferias das cidades. Anápuàka Muniz Tupinambá Hã Hã Hãe conhece bem as muitas faces dessa realidade.

Filho de pai tupinambá e de mãe negra (também com ascendência tupinambá), Anápuàka nasceu em São Paulo e viveu na periferia da cidade até os 8 anos. Depois, mudou-se com a família para a aldeia para juntar-se aos demais membros tupinambás e outros povos que vivem na Terra Indígena Caramuru Catarina Paraguaçu, no município de Pau Brasil, no sul da Bahia, uma região de Mata Atlântica. Lá, morou até os seus 13 anos, quando, com o irmão e a mãe, mudou-se para o Rio de Janeiro.

De volta à cidade, fez o ensino fundamental e o médio em escolas particulares e públicas – "escola de branco", como diz. Nessa época, contestava a versão do "descobrimento do Brasil" pelos portugueses. Já naquele período considerava aquilo como invasão, dando sinais de sua abordagem questionadora.

Ainda menino, aos 6 anos de idade, nos anos 1980, em São Paulo, acompanhando o pai, Dário Muniz Tupinambá, em encontros de grupos indígenas, impressionou-se ao conhecer Ailton Krenak, importante líder dos povos originários e ambientalista. Os anos passados na aldeia tupinambá seriam ainda mais marcantes para a sua formação: "Havia muitos pistoleiros e fazendeiros querendo eliminar indígenas", ele não se esquece. Ia à escola, que ficava distante de sua aldeia (situada na cidade de Camacã), pela rodagem (estrada), pastagem e pela mata, com medo de sofrer uma emboscada. "Lá, vivi várias vidas."

A inquietação com a situação do seu povo e das outras etnias o levou desde cedo a tornar-se um ativista das causas indígenas. Foram muitas experiências e tentativas de viabilizar um meio de comunicação para amplificar as vozes e integrar esses povos. Depois de terminar a escola, ele estudou Gestão de Marketing, trabalhou com eletrônica, como *office boy*, assistente de produção de confeitaria, camelô, professor de audiovisual, locutor de carro de som e eventos, designer gráfico, programador em software livre e arriscou-se na área da música como DJ. Até que, em 2013, Anápuàka fundou a primeira rádio web indígena do país, Yandê, palavra que em tupi antigo quer dizer "nós, nosso, todos nós".

A web e o exemplo que veio de fora

Bem antes da era digital, sua paixão por tecnologia e computação foi importante para os projetos que empreenderia mais adiante. Anápuàka trabalhou em jornal, rádios comerciais e comunitárias, e engajou-se em movimentos de mídia alternativa logo no início da internet no Brasil, entre o final dos anos 1990 e início dos 2000. Em 2001, ganhou seu primeiro computador e passou a frequentar as salas de bate-papo on-line *(chats)* de comunidades indígenas de diferentes partes do mundo. Sua vida começava a mudar. "Sempre tive um fascínio muito grande pelo conhecimento", diz.

Descobriu que em vários países, como os Estados Unidos, o Canadá e mesmo os vizinhos Peru e Bolívia, as populações originais, que chamamos de indígenas, dispunham de meios de comunicação para contar suas histórias e manter integradas suas comunidades. No Canadá, há até um canal de televisão, a APTN TV. "Na América Latina, são muitas rádios comunitárias, de baixa potência, que buscam constituir mídias locais", diz Anápuàka. Aqui no Brasil a situação é bem diferente. No país, que sempre perseguiu os povos nativos, até hoje a participação e representação indígena na política institucional e na mídia é ínfima.

Entretanto, na edição de 2008 da Campus Party, uma das maiores feiras de tecnologia digital do país, Anápuàka teve a ideia de juntar um grupo de hackers, programadores e publicitários para ajudá-lo a tirar uma ideia ousada do papel: criar a primeira rádio on-line indígena do Brasil. Os recursos tecnológicos disponíveis na época, porém, não permitiram que o plano avançasse. De 2008 a 2012, ele continuou buscando meios para levar adiante o projeto, enquanto desenvolvia outros trabalhos. Em 2011, recebeu o Prêmio Mozilla Firefox: Libertadores da Web, por sua trajetória de net-ativista em favor da criação de uma rede de cultura digital indígena.

Mas foi apenas em 2013 que o sonho de uma rádio on-line de culturas indígenas no Brasil seria concretizado. Naquele ano, Anápuàka convidou o publicitário Denilson Baniwa e a jornalista Renata Machado (igualmente indígenas) para trabalhar com ele no projeto. Juntos, começaram a dar corpo à rádio Yandê. Seu público seriam as centenas de milhares de indígenas integrantes das 305 diferentes etnias do país e que falam 274 diferentes idiomas[9].

"Queríamos fazer comunicação, ter uma forma de ganhar dinheiro e, ao mesmo tempo, investir na formação de pessoas, no ativismo e gerar negócios", lembra. O empreendimento nasceu com um viés social, algo um tanto visionário para a época. "Como mídia on-line, sabíamos que não havia limites. Então, pensamos no formato de uma empresa social para produzir conteúdo."

---

9 Números do Instituto Brasileiro de Geografia e Estatística (IBGE), a partir de dados do Censo de 2010, atualizados em 2012.

A rádio Yandê foi a primeira empresa de mídia indígena digital do Brasil. Além de produzir conteúdo para as diferentes etnias, hoje o canal divulga informações sobre elas também para não indígenas interessados na cultura desses povos. Sua plataforma, que inclui um portal de notícias com matérias escritas, funciona também como fonte de pesquisas para jornalistas e estudiosos. É ainda o único veículo do país a transmitir música, debates e entretenimento das diversas etnias indígenas brasileiras em suas línguas originais. "Não somos etnocentristas", diz Anápuàka.

Para divulgar essa variedade de conteúdos, além do site, a Yandê se vale das redes sociais – Facebook, Twitter e YouTube –, nas quais veicula programas como o *Yandê Connection*, com conversas e debates com indígenas de outros países, o *Papo na rede* e *lives* produzidas por outros indígenas brasileiros.

Por trás do conteúdo usado para alimentar a programação de rádio, que funciona 24 horas por dia, Anápuàka e os dois sócios coordenam uma rede com sete correspondentes regionais e 170 colaboradores (indígenas das aldeias pelo país), além de outros dez colaboradores/correspondentes internacionais.

Por estar em uma plataforma digital, a Yandê tem alcance global. Ouvintes de mais de 80 países sintonizam a estação ou acessam seus canais digitais. "Temos uma boa audiência fora do Brasil. Primeiro, começamos a dialogar com parentes indígenas de outros territórios latino-americanos e da América do Norte para trocar conteúdo. Depois, isso foi crescendo", diz Anápuàka. Na primeira metade de 2019, a empresa fechou contrato de parceria para troca de conteúdo com etnias indígenas da Indonésia e da Austrália.

Enquanto expande suas fronteiras mundo afora, a Yandê revela talentos nacionais da música, outro braço importante de negócios que a empresa vem abrindo. Entre os artistas que se lançaram a partir da rádio estão o grupo de rap Brô Mc's, do Mato Grosso do Sul; a cantora Djuena Tikuna; e o grupo de *heavy metal* tupi, Arandu Arakuaa, que já foi tema de reportagem na BBC de Londres. "A gente pode dizer, com muita propriedade, que quase todos os indígenas que hoje estão tocando música pelas rádios do país começaram na Yandê", orgulha-se Anápuàka,

Oportunidades invisíveis

que agora busca parcerias com serviços de *streaming* (transmissão de conteúdo on-line) para lançar novos artistas.

Para celebrar essas descobertas, a Yandê se organiza para realizar festivais de música em grandes capitais. O festival foi nomeado via sonho por seus ancestrais de: "Ȳbȳ" (pronuncia-se "ãbã"; significa "(ȳ) água, (yby) terra, (ȳ) água em tupi antigo), que significa "ilha" em português.

A programação incluiria ainda desfile de moda, exposições de artesanato, imersão em realidade virtual, arte e cultura alimentar dos povos originários. O fato é que hoje a Yandê é um misto de portal de notícias e serviços de conteúdo musical e uma plataforma única com programas 24 horas por dia e que faz denúncias importantes sobre ataques às comunidades indígenas, quase nunca vistas na grande mídia. Um empreendimento fundamental para um país que pouco conhece suas origens.

Fórmula de negócio sustentável

O modelo de negócio da Yandê baseia-se na venda de publicidade para veiculação em seus canais e na prestação de serviços de consultoria nas áreas de educação, cultura, mídia e, principalmente, audiovisual. Roteiristas de cinema, por exemplo, buscam o acervo da plataforma da rádio para obter informações sobre questões indígenas contemporâneas.

Anápuàka chama a atenção para a indiferença da publicidade e do marketing aos povos indígenas. "Existe um preconceito das agências de São Paulo e de outras pequenas agências espalhadas pelo país", insiste. "Nós temos uma pele diferente, como os negros. Temos um cabelo diferente, também como os negros. Temos estruturas de saúde diferentes e doenças específicas." Mas geralmente essas diferenças não estão representadas nas divulgações de empresas.

Ele define como falta de visão e preconceito a indiferença dos gestores das empresas e de agências de publicidade em relação ao potencial de consumo das comunidades indígenas. Ele argumenta que há potenciais consumidores dentro do território indígena em serviços bancários, de telefonia e de produtos básicos de higiene, mesmo nas áreas mais remotas do país. "Por isso, seria muito bom chegar dentro de uma mercearia, ou

Paulo Rogério Nunes

de uma farmácia, e encontrar produtos (com rótulos e embalagens) na sua língua, com uma atenção específica para aquele consumidor, uma publicidade adequada."

O empreendedor diz que essa indiferença em se comunicar com os indígenas reflete uma imagem estereotipada que as pessoas no Brasil têm sobre eles. "Ficam repetindo que os indígenas só vivem da mandioca e do milho. Esquecem que consomem produtos, bens perecíveis, produtos da linha branca, eletrodomésticos. E não deixam de ser indígenas por conta disso." Ele explica que bens de consumo são diferentes de bens culturais: "Bens de consumo são coisas que você utiliza e paga por isso; os bens culturais são passados de geração para geração, isso não se compra, é muito diferente. O que está na identidade do indígena são os bens de cultura".

Além de ajudar o mercado a entender as especificidades dos indígenas, a rádio Yandê tem como missão divulgar as inovações criadas nessas comunidades, muitas vezes ignoradas pela ciência. A ideia deles é difundir os conhecimentos tradicionais, como o uso medicinal das plantas, frutas, que contribuem para a qualidade de vida e o bem-estar das pessoas. "Em Manaus, isso é reconhecido. Foi aberto um hospital que lida diretamente com os pajés, que fazem curas tradicionais utilizando plantas."

A própria plataforma vive criando coisas inovadoras, ligadas à tecnologia. Em uma oficina recente, a Yandê promoveu uma experiência em "tecnoxamanismo e realidade virtual" no Museu do Amanhã do Rio de Janeiro. A inovação diversa da qual Anápuàka é um dos protagonistas (e que é o tema deste livro) é a essência das culturas indígenas.

As ações afirmativas nas universidades para povos indígenas estão possibilitando a formação de uma geração de profissionais com cursos universitários e com mais visibilidade no mercado de trabalho. Certamente isso facilitará um maior intercâmbio entre diferentes povos indígenas, gerando ainda mais conhecimento em áreas como medicina, agricultura e tecnologias de um modo geral. Imagine como isso pode ajudar o Brasil a resolver problemas sociais importantes.

Em um momento em que a humanidade quer, cada vez mais, sair dos modelos industriais, buscando alternativas sustentáveis para sua

Oportunidades invisíveis

vida (medicina natural, comida orgânica etc.), a contribuição dos povos originais é fundamental. Basta, agora, que o setor público, as empresas e as próprias universidades se abram para esses conhecimentos.

O sucesso de projetos inovadores, como a rádio Yandê, podem e devem mudar o olhar preconceituoso e limitado em relação aos povos originais, que, na prática, são os verdadeiros donos dessas terras que habitamos no país que hoje chamamos Brasil.

Evandro Fióti

2

LABORATÓRIO FANTASMA: DAS RUAS DA PERIFERIA AO *MAINSTREAM*

No Brasil, muitos dos projetos da economia criativa, inclusive os de entretenimento, são produzidos com base na cultura negra. Porém, poucos têm a participação efetiva de negros em seus resultados ou lucros. Uma exceção a essa realidade é o Laboratório Fantasma, empresa voltada ao público jovem, especialmente das periferias. Desde 2009 no mercado, é hoje um empreendimento múltiplo e inovador (com negócios nas áreas de produção musical, gravadora, promoção de eventos e grife de moda) sob a direção de jovens negros, algo ainda raro no Brasil.

Criado pelo rapper Emicida junto com seu irmão também músico, Evandro Fióti, o Laboratório Fantasma surgiu como uma pequena gravadora na casa deles e alcançou um sucesso inesperado ao apostar em um público então sedento por novas referências negras na música, e que logo se tornou fiel ao discurso dos fundadores e ao posicionamento da marca.

Hoje os irmãos que cresceram no Jardim Fontalis, bairro da zona norte de São Paulo, são influentes, mas começaram de baixo, com a produção de 700 cópias do primeiro disco de Emicida, que na época ainda integrava o coletivo Na Humilde Crew. Continuaram, com muita luta, ganhando público e espaço na imprensa com a produção seguinte, o álbum *Pra quem já mordeu um cachorro por comida, até que eu cheguei longe...*, que era uma *mixtape:* uma compilação de 25 canções gravadas em CD, com capa artesanal, e que vendeu 3 mil cópias ao preço de R$ 2,00 cada.

"Quando a gente surgiu, em 2009, não tinha nenhuma empresa que fizesse o que fazíamos no meio do hip hop, ou do funk, ou da música de periferia naquele momento. Não tivemos um espelho nacional", contou o empresário Evandro Fióti em reportagem da Agência EBC, em 2015.

A ascensão da empresa confunde-se com o sucesso musical de Emicida, considerado um dos mais bem-sucedidos músicos de rap e hip hop do Brasil. Na medida em que conquistava popularidade e espaço na mídia, Emicida tomava atitudes pouco comuns no meio musical: controlava a gestão de sua carreira e investia em sua marca, criando *branding* próprio e autêntico. Valendo-se das redes sociais para se comunicar diretamente com o seu público, os empreendedores lançaram também uma marca própria de roupas, a LAB, que fez história por levar a estética da periferia brasileira para o mundo.

Rompendo barreiras

A grife ganhou projeção nacional quando levou, pela primeira vez, suas roupas e o discurso da diversidade para a principal passarela de moda do Brasil, a São Paulo Fashion Week (SPFW), em 2016. O fato marcou um novo capítulo na batalha entre os movimentos negros e os organizadores de eventos de moda do país.

A pouca presença de negros nas passarelas sempre incomodou os ativistas negros justamente por ser a moda a indústria da representação da beleza.

Toda a coleção da LAB, que se consolidou como uma grife de *streetwear*, foi apresentada no desfile por modelos negros, em sua maioria, incluindo pessoas famosas, como a MC Carol, o cantor Seu Jorge (que desfilou usando saia, numa provocação aos

Oportunidades invisíveis

padrões de gênero), além de modelos *plus size* e jovens exibindo penteados *black power*.

A revista americana *Vice*, especializada em cultura e artes, em sua edição de outubro de 2016, classificou o desfile da LAB na SPFW como um momento histórico: "Ao subverter os padrões da moda com uma maioria negra na passarela, a marca do Emicida com seu irmão Evandro Fióti e o estilista João Pimenta fez história na semana de moda paulistana. Poeticamente, o rapper e empresário Emicida definiu o momento com a frase: 'Nós, juntos, somos nós. Nós que ninguém desata'"[10].

Os criadores do Laboratório Fantasma dão muita importância a ações que estimulem o "empoderamento econômico" das pessoas, como resumiu Fióti em entrevista durante um evento da Red Bull: "Precisamos parar de achar que o que fazemos não tem preço"[11].

Essa é uma perspectiva nova, e particularmente rara, quando se observa com maior atenção o universo da música brasileira. Não são incomuns os casos de grandes artistas negros que fizeram enorme sucesso e morreram com problemas financeiros, pois não conseguiram criar uma estrutura econômica por trás do trabalho artístico que desenvolveram em suas carreiras justamente em razão do racismo institucional.

São exemplos clássicos dessa "segregação financeira" os grandes sambistas que criaram um estilo que é símbolo da identidade nacional e que nunca tiveram o verdadeiro reconhecimento do ponto de vista econômico.

Mais recentemente, o axé music se transformou em indústria milionária para a elite baiana, mas, de fato, não produziu uma classe de empresários negros de sucesso. Bem diferente do que aconteceu com a soul music e o blues nos Estados Unidos, estilos capitaneados por empresas negras como a Motown Records.

---

10 Disponível em: <https://www.vice.com/pt_br/article/d7g9wj/lab-spfw-desfile-2016>. Acesso em: 20 ago. 2019.
11 Disponível em: <https://www.redbull.com/br-pt/as-muitas-cabecas-da-lab-fantasma>. Acesso em: 20 ago. 2019.

Novos parâmetros

O modelo de negócio capitaneado por Emicida e Fióti é diferente. Parece mais com o modelo adotado por rappers dos Estados Unidos, como Jay Z e Dr. Dre, que criaram grandes impérios econômicos. Entenderem a dinâmica do mercado e aprenderam a negociar seus contratos e investimentos de maneira vantajosa para si próprios, criando lá uma classe de multimilionários negros. Alguns até bilionários, como é o caso de Jay Z. Não é raro ver negros empresários da música nas matérias e capas de revistas de negócios.

Até marcas globais, como Nike e Adidas, tiveram que se adaptar aos novos parâmetros do empresariado negro na década de 1990, como conta o publicitário Steve Stoute no livro *The tanning of America: how hip-hop created a culture that rewrote the rules of the new economy.* ("A 'morenização' da América: como o hip hop criou uma cultura que reescreveu as regras da nova economia", em tradução livre). Pessoas como Sean John Combs, conhecido como Diddy ditaram (e ainda ditam) os rumos da cultura pop global por meio de seus artistas, assim como Rihanna, Beyoncé e Pharrell Williams estão redefinindo o que é cultura pop no mundo. Não há como falar de música nos Estados Unidos sem citar nomes negros nos palcos, na produção ou como investidores.

Apesar das críticas sobre como o movimento hip hop caiu no ciclo vicioso do consumismo dos anos 1990, hoje esse estilo vive um novo momento. Lá eles estão voltando a falar sobre injustiças sociais e econômicas e sobre educação financeira e Black Money, como mostra a letra da canção "The Story of O.J Simpson", do álbum *4:44*, de Jay Z (2017), produzido por sua gravadora, a Roc Nation, e lançado com exclusividade em sua plataforma de *streaming*, a Tidal.

Claro que a trajetória bem-sucedida de Emicida não pode ser explicada sem falar de outro grupo de rap, que primeiro pavimentou o caminho da autonomia econômica e do empreendedorismo nessa área: o Racionais MC's, que, de modo pioneiro, provou que era possível fazer sucesso sendo independente e até desdenhando da grande mídia.

O incrível sucesso de Mano Brown e seus colegas, em minha opinião, só pode ser explicado por sua autenticidade. É difícil, ainda

Oportunidades invisíveis

hoje, ir a alguma periferia de cidade brasileira e encontrar um jovem que não saiba cantar um trecho das músicas dos Racionais MC's. Pode-se dizer que Emicida (e outros rappers dessa geração) deram continuidade ao legado dos pioneiros do rap brasileiro.

Diversidade é posicionamento

A escolha da empresa Laboratório Fantasma para este livro tem a ver com o fato de eles realmente enxergarem oportunidades únicas e serem hoje uma das mais influentes empresas de entretenimento no Brasil. Para Fióti, a diversidade é um elemento muito importante para os empreendimentos inovadores, porque "torna as empresas mais competitivas e acaba te posicionando de maneira diferente no mercado".

O empresário também acredita no conceito do Black Money para gerar renda em comunidades negras e periféricas: "A gente procura aplicar no Laboratório Fantasma [o conceito de Black Money] para empoderar jovens e pessoas negras, principalmente na periferia, para ter mais pessoas inseridas no ambiente de negócios e empoderá-las por meio do capital, pois uma pessoa com capital, no mundo em que a gente vive, consegue desenvolver seu ecossistema de maneira que pode transformar outras vidas".

Esse compromisso de gerar riqueza e compartilhar valores com outras pessoas vem desde o início da carreira de Emicida: "Já que o rei não vai virar humilde/Eu vou fazer o humilde virar rei", dizia o rapper na canção "Triunfo", lançada em 2008. O Laboratório Fantasma emprega diretamente 20 pessoas, número que pode chegar a 50 em períodos mais intensos de eventos e lançamentos da marca.

Quadrinhos e cultura das ruas

O nome da empresa tem origem nas histórias em quadrinhos, uma das paixões de Emicida, como ele mesmo conta no site da Laboratório Fantasma: "Sou fã de histórias em quadrinhos. Aliás, pra mim, fazer quadrinhos e fazer rap é igualzinho. Quando você me trombar pode perguntar disso que eu fico horas falando. Uma história que eu pirava demais é a versão 2099 do 'Motoqueiro Fantasma'. Nela, um malandro chamado Zero Cochrane morre enquanto estava conectado à internet. Lá no futuro, as pessoas conectavam cabos à cabeça para acessar a rede, e como o malandro morreu conectado à rede, o espírito dele ficou preso dentro dela. Flutuando pelo cyber-espaço, a alma do maloqueiro achou um lugar chamado oficina fantasma, um lugar onde seres digitais estranhos se reuniam para arquitetar o plano que destruiria o sistema. Esta última frase pode ser o *release* da Laboratório Fantasma até hoje", explicou o rapper nas comemorações dos nove anos de criação da empresa[12].

Enfrentar o "sistema" de maneira criativa é uma coisa que a empresa vem fazendo bem, fazendo jus ao nome escolhido. Com o passar dos anos, a Laboratório Fantasma decidiu atuar em todas as etapas da cadeia de produção da música: é selo, gravadora, distribuidora, agenciadora de artistas, promotora de shows e eventos e agência de comunicação.

O sucesso da LAB na São Paulo Fashion Week, por exemplo, levou a marca a fechar uma parceria com a rede de varejo de moda C&A, em 2018. A coleção da grife para a rede foi batizada de "A rua é nóiz", e incluía camisetas com a frase de músicas de Emicida, como "I love quebrada"[13].

Para o futuro, o objetivo da empresa é se posicionar cada vez mais no ecossistema de negócios de entretenimento brasileiro, com filmes, colaboração com marcas e novos discos. A marca Laboratório Fantasma é hoje um dos principais *cases* e uma referência para jovens de comunidades em todo o Brasil. Certamente é uma inspiração para uma geração que surge em um contexto em que empreender é uma necessidade.

A Laboratório Fantasma é uma empresa que começou do zero, sem investimento, com poucas conexões e em uma década tornou-se um

---

12 Disponível em: <http://emicida.com/2018/05/01/9-curiosidades-sobre-9-anos-de-laboratorio-fantasma>. Acesso em: 10 ago. 2019.

13 Disponível em: <https://emais.estadao.com.br/noticias/moda-e-beleza,lab-marca-do-rapper-emicida-faz-colaboracao-com-a-cea,70002397572>. Acesso em: 10 ago. 2019.

Oportunidades invisíveis

grande exemplo de como os territórios de periferia são uma grande fonte de riqueza. Espero que investidores e empresários que estão lendo esse livro percebam isso e apostem na economia criativa que vem dos guetos de todo o Brasil.

Da esquerda para a direita: Antonio Pita, André Ribeiro, Cintia Ramos e Carlos Humberto

3

DIASPORA.BLACK: STARTUP DE TURISMO QUE DESAFIA O RACISMO

O carioca Carlos Humberto da Silva sempre conciliou a vida profissional com o ativismo no combate ao racismo. Geógrafo formado pela Pontifícia Universidade Católica do Rio de Janeiro (PUC-RJ), ele foi bolsista no David Rockefeller Center for Latin American Studies, da Universidade Harvard, nos Estados Unidos. Depois dos estudos, trabalhou com pesquisas sociais e ambientais, e atuou nas áreas de projetos de articulação e mobilização comunitária em entidades privadas.

Em 2011, o interesse por outras culturas o levou a se cadastrar em uma plataforma internacional de hospedagem compartilhada, logo que o primeiro desses aplicativos chegou ao Brasil. Essa parecia ser uma ótima oportunidade de complementar sua renda e, ao mesmo tempo, ter contato com gente de outras partes do mundo. Seria também o início de um aprendizado que, mais tarde, o transformaria em empreendedor.

Localizado no bairro turístico de Santa Teresa, seu apartamento não demorou a atrair estrangeiros a caminho do Rio, interessados em se hospedar no quarto que ele anunciava no site. À medida que os hóspedes começaram a chegar, porém, vieram também os problemas, que ele nunca imaginara.

Ao receber os hóspedes, percebia com certa frequência que eles ficavam surpresos ao vê-lo. "Eles chegavam e não acreditavam que eu, um homem negro, era o anfitrião", conta. Muitos disfarçavam o incômodo e se instalavam no quarto. Outros, não.

"Um casal de holandeses se negou a ficar em meu apartamento por eu ser negro. Eles não falaram, mas o racismo ficou evidente. Depois de recebê-los, fui ao supermercado comprar frutas, e quando voltei havia um bilhete comunicando que tinham ido embora e que não iriam pedir o reembolso do aluguel já pago", recorda-se.

Situações constrangedoras como aquela o levaram a postar uma foto sua junto às imagens de sua casa no site de hospedagem. Surpreso, viu a procura por sua casa diminuir. Passou então a priorizar viajantes negros como hóspedes, e descobriu que havia nessa segmentação um interessante potencial de negócios.

O jornalista Antonio Pita, que se hospedou ali por seis meses, quando se mudou da Bahia para trabalhar no Rio, reconhece o valor identificado pelo dono da casa. "Ele percebeu que quando recebia os hóspedes em seu apartamento, eles queriam conhecer anfitriões negros que apresentassem a cidade sob outro olhar, que fugissem dos estereótipos e com outra perspectiva. Queriam compartilhar um espaço em que houvesse respeito e troca. Ali eles tinham a sensação de acolhimento, de estar em casa, diferente de outras experiências em plataformas de hospedagem. Além de estarem seguros de que não passariam por situações constrangedoras", conta.

Carlos Humberto começou a conversar sobre essa questão com pessoas que atuavam em movimentos ligados à cultura negra e que gostavam de viajar. Daí surgiu a ideia de criar um aplicativo de hospedagem compartilhada para negros que estivessem interessados não apenas em viajar, mas também em conhecer mais sobre a cultura das comunidades afrodescendentes de diferentes lugares no Brasil e no mundo.

Nascia, assim, a base de um projeto que alguns anos depois seria batizado de Diaspora.Black, uma *startup* que, além da hospedagem compartilhada, oferece produtos e serviços de turismo envolvendo experiências e conhecimento das populações negras dos destinos visitados.

Os primeiros passos

Perto do final de 2016, Carlos Humberto interrompeu o mestrado na Universidade Federal do Rio de Janeiro (UFRJ) e, junto com o baiano Antonio Pita, o designer carioca André Ribeiro e o fotógrafo e estudante de produção cultural Gabriel Oliveira, deu uma guinada em sua vida. Os quatro deixaram seus empregos e passaram a se dedicar exclusivamente à nova empresa.

Nesse mesmo ano, uma pesquisa da Harvard Business School, com base em depoimentos de 6 mil anfitriões de cinco cidades estadunidenses, revelou que pessoas com nomes tipicamente afro-americanos tinham 16% menos chances de serem aceitas em uma grande plataforma colaborativa de hospedagem do que candidatos com sobrenomes comuns entre pessoas brancas. Ou seja, a questão do racismo no ramo de hospedagem compartilhada era um fenômeno bem mais amplo.

"Começamos a construir a campanha de financiamento coletivo e o lançamento aconteceu em São Paulo, em novembro de 2016, durante a Feira Preta, um dos mais importantes eventos de negócios e cultura negra do país. Com essa mobilização, conseguimos atrair mais de 12 mil pessoas e angariamos 17 mil reais, que foram investidos no desenvolvimento da plataforma", lembra Carlos Humberto.

Entre os apoiadores do projeto e as pessoas que contribuíram com recursos estavam ativistas, professores universitários, empreendedores e outros que são favoráveis à criação de um modelo de hospedagem colaborativa e sem preconceito racial. O dinheiro captado com as contribuições cobriu apenas 20% do investimento total, de 90 mil reais, que os sócios desembolsaram para tirar a empresa do papel, o que aconteceu em junho de 2017.

Dado o primeiro passo, Carlos Humberto, Antonio e André participaram de iniciativas da Aceleradora de Startups e Inovação Corporativa (ACE), no Labora da Oi Futuro e atividades da Yunus Negócios Sociais. Ao modelo inicial do negócio – o site de hospedagem compartilhada –, decidiram agregar a venda de experiências: por meio de uma plataforma de *marketplace*, passaram a oferecer também produtos e serviços de turismo com foco na população negra.

A Diaspora.Black passou a se guiar por três objetivos: difundir a cultura negra, conectar pessoas interessadas por essa cultura e fortalecer as comunidades de afrodescendentes espalhadas pelo Brasil.

Esse formato original fez com que, no início de 2018, a Diaspora. Black fosse uma das dez empresas selecionadas entre mais de 700 inscritas para participar da Estação Hack, um programa de aceleração de *startups* com impacto social criado pelo Facebook Brasil, em parceria com a Artemisia, uma das maiores aceleradoras da área socioambiental no país. Foram seis meses de aprendizado e novos contatos.

Na mesma época, a empresa já era uma referência entre grupos e organizações ligadas às questões raciais no Brasil, e foi indicada para ser a plataforma oficial de hospedagem do Fórum Social Mundial, realizado em março de 2018 em Salvador.

Atrair investidores, um desafio e tanto

Pouco depois de participar do programa do Facebook, em meados de 2018 a Diaspora.Black foi convidada a se instalar no InovaBra, um *hub* de *startups* criado pelo Bradesco, em São Paulo. Trata-se de um prédio de 11 andares, na Rua da Consolação, região central da cidade, todo ocupado por *startups*, que compartilham os espaços segundo o conceito de *coworking*. "Para se instalarem lá, as empresas têm de passar por uma verdadeira seleção, mas nós fomos convidados e desde então temos lá nosso escritório de trabalho", diz Carlos Humberto.

Por reunir um grande número de empresas inovadoras, de pequeno porte e até multinacionais, estar no local tem favorecido bastante a formação de parcerias e as trocas comerciais. "Lá tem sido uma experiência muito boa."

Dessa maneira, a Diaspora.Black consolida-se como uma empresa de ponta no chamado mercado de turismo étnico brasileiro, dedicada a experiências e nichos culturais de comunidades afrodescendentes. Um segmento turístico que nos Estados Unidos já movimenta mais de 60 bilhões de dólares ao ano, segundo estudo da consultoria Mandala Research[14].

---

14 Disponível em: <https://apnews.com/a3ce2c034d2f0a9594fd18764f6faa83>. Acesso em: 20 ago. 2019.

Oportunidades invisíveis

O Brasil já entrou no roteiro do público afro-americano, que identifica no país um elo cultural que era considerado perdido. Cidades como São Paulo, Rio de Janeiro e Salvador, principalmente, têm se tornado destinos procurados por jovens da classe média negra dos Estados Unidos. Em bairros como Harlem e Brooklyn, em Nova York, não é raro encontrar jovens que tenham algum amigo que já esteve na Bahia.

Grupos como Travel Noire e Tastemakers Africa organizam viagens regulares, com dezenas de jovens ávidos por se conectar com seus "irmãos" brasileiros, apesar da barreira da língua. Há sites, como Afropunk, que propagam fotos de artistas afro-brasileiros, despertando ainda mais o interesse desse público.

Com a combinação de hospedagens compartilhadas e opções de diferentes experiências de roteiros culturais e programas de intercâmbio e imersões, que vem desenvolvendo com universidades de países como Estados Unidos, Angola e África do Sul, a empresa tem uma base de mais de 4.500 usuários ativos, que já fizeram ou receberam reservas. "Temos uma curva crescente de novos usuários", diz Carlos Humberto.

Ao todo, 15 mil pessoas estão cadastradas na plataforma, que recebe cerca de 700 mil acessos por mês. Isso é só o começo. A meta é fazer uma grande expansão desse universo de clientes. "Nós olhamos uma fatia de mercado de 40 milhões de novos consumidores de turismo até 2022[15]. Temos uma meta de alcançar 40% dessa fatia nos próximos cinco anos", diz Pita.

Apesar do expressivo potencial de crescimento e do reconhecimento de que já desfruta no mercado de turismo étnico, atrair investidores a aportar recursos no projeto ainda é um desafio aos sócios da Diaspora.Black.

"O diálogo para investimento não é tão fácil. Não temos a mesma facilidade que outras *startups* têm para acessar investidores. Dentro do ecossistema do nosso negócio temos várias *startups* parceiras, mas que conseguiram a primeira rodada de investimento sem ter sido validadas (ter a viabilidade e o potencial de negócio comprovados por critérios técnicos). Também sabemos que as métricas para a população negra, para os negócios relacionados a negros, são mais rígidas. As exigências

---

15 Projeção do Ministério do Turismo.

são um pouco maiores, essa é uma realidade", pondera Pita, referindo-se ao racismo institucional ainda vigente no mundo dos negócios no Brasil.

Aos poucos, essa barreira começa a ser vencida. Em julho de 2019, a Diaspora.Black iniciou uma rodada de captação pela Vox Capital, uma das maiores gestoras de investimentos de impacto no Brasil. A meta era levantar 600 mil reais. "Para nós, além de obter o dinheiro, entrar em um fundo com a Vox tem o valor adicional da chancela de um gestor altamente qualificado", diz Carlos Humberto.

Mesmo antes desse aporte, a empresa seguia ampliando o leque de frentes em que atua. No início de 2019, lançou seus serviços de certificação e treinamento para empreendimentos do setor de turismo para atender clientes negros e negras, como hotéis, agências de viagens, companhias aéreas e concessionárias de aeroportos.

Todos esses empreendimentos ligados à indústria turística são alvos de denúncias crescentes de discriminação de clientes negros, principalmente por parte de seus funcionários. Um segmento que não tem dado a devida atenção a uma classe média negra ascendente no Brasil, que aumentou seu poder de consumo e que, depois de garantir a posse de bens primários, viaja cada vez mais. Por isso, a Diaspora.Black desenvolveu um programa de treinamento para as empresas capacitarem seus quadros de pessoal e evitarem atitudes preconceituosas na relação com clientes negros, ou mesmo de outras etnias.

Não há dúvida de que falta muito para o desenvolvimento do turismo afro no Brasil. Há, no país, muitas possibilidades de roteiros históricos baseados na cultura negra, como em Palmares, em Alagoas (a primeira república comandada por ex-escravizados das Américas); o bairro do Curuzu, em Salvador (equivalente a Soweto na África do Sul, em importância cultural negra); o Centro Histórico de São Luís, no Maranhão; e o Cemitério dos Pretos Novos, no Rio de Janeiro (local onde aportavam os navios com negros escravizados na época colonial).

Sobre Salvador, por exemplo, o jornalista Guilherme Dias, fundador da plataforma de notícias Guia Negro e da empresa de turismo Black Bird, voltada para o turismo afro, é enfático: "Há uma ligação ancestral em Salvador, uma sensação de pertencimento. Quem é negro e já esteve na

Oportunidades invisíveis

cidade sabe do que estou falando. Mais do que isso: Salvador é a Meca negra. É o lugar em que todos os pretos precisam ir pelo menos uma vez na vida"[16].

Mas para que esse mercado seja potencializado em todo o Brasil, são necessários investimentos públicos nas localidades e a preparação para atrair o interesse internacional, assim como houve em regiões de turismo afro pelo mundo – a exemplo do Harlem, em Nova York, bairro historicamente negro com restaurantes, galerias, teatros e pousadas temáticas, onde a famosa esquina das ruas Martin Luther King Jr. com Malcolm X exemplifica bem essa customização de identidade local.

Da mesma forma, existe em Londres o bairro de Brixton e suas feiras com produtos afro, galerias de música e painéis de grafite, que mostram o poder da economia criativa negra na atração do turismo. E há ainda, claro, talvez o mais famoso desses destinos, o distrito de Soweto, um símbolo de luta contra o *apartheid*, destino de milhares de turistas anualmente em Joanesburgo, na África do Sul.

Portanto, os investimentos em comunidades negras no Brasil tendem a gerar renda para os moradores dessas localidades, evitando a gentrificação e preservando a memória da história negra. A plataforma Diaspora.Black está fazendo a parte dela ao levar tecnologia para difundir o turismo afro no Brasil. Falta agora a iniciativa privada e o poder público seguirem esse mesmo caminho.

---

16 Disponível em: <https://blackbirdviagem.com.br/salvador-e-a-meca-negra-todo-negro-precisa-ir-pelo-menos-uma-vez>. Acesso em: 20 ago. 2019.

Da esquerda para a direita: Carlos Wanderlan, Hugo, Ronaldo Tenório e Thadeu Luz

4

HAND TALK: UM TRADUTOR DE BOLSO PARA A LÍNGUA DE SINAIS

O alagoano Ronaldo Tenório ainda estudava publicidade na Faculdade Maurício de Nassau, em Maceió, quando, ao fazer um trabalho acadêmico, pensou pela primeira vez em um aplicativo de acessibilidade. Algo que combinasse comunicação com tecnologia. Naquele momento, porém, não via meios de transformá-lo em realidade. A ideia ficou em sua mente por quatro anos. Só então ganhou forma, quando ele se juntou a dois especialistas em tecnologia: Carlos Wanderlan, desenvolvedor de sistemas, e Thadeu Luz, arquiteto com especialização em tecnologia 3D.

Juntos, eles conceberam um protótipo de aplicativo e o inscreveram em um desafio de *startups*. Ficaram em primeiro lugar na disputa, atraindo um grupo de investidores-anjo. Aprofundaram os estudos e pouco tempo depois definiram o formato do aplicativo que lançariam no mercado: seria uma ferramenta que aproximaria surdos e ouvintes por meio da tradução automática do português para Libras. Assim nasceu a Hand Talk, a primeira empresa brasileira que utiliza inteligência artificial para desenvolver soluções digitais de acessibilidade para surdos.

"Quando começamos, o mercado de acessibilidade praticamente não existia, sobretudo no que diz respeito à tecnologia para a comunicação em Libras (Língua Brasileira de Sinais, que é um dos idiomas oficiais do

Brasil desde 2002, como o português)", lembra Tenório. "Então, tivemos que ajudar a amadurecer esse mercado e educar empresas a pensarem em soluções para resolver seus problemas. Até hoje continuamos fazendo isso, viajando pelo Brasil todo."

Existem no país cerca de 45 milhões de pessoas com algum tipo de deficiência[17]. Um contingente maior que a população da Argentina, ou que as do Chile e Portugal juntas. No Brasil, entretanto, o direito à acessibilidade só passou a ser debatido de maneira ampla e objetiva nos últimos anos. Predomina ainda no país a falsa noção de que prover acessibilidade a pessoas com deficiência é uma atribuição exclusiva do Estado. São relativamente poucos os produtos e serviços que contemplam adequadamente as diferentes necessidades desse expressivo grupo de cidadãos.

Traduzindo a língua dos sinais

A Hand Talk lançou inicialmente um aplicativo de celular, que traduz e ensina Libras. Valendo-se dos conhecimentos técnicos de Thadeu Luz, que trabalhara com animação no Canadá, a empresa criou o Hugo, um personagem virtual em 3D. Com mãos grandes, rosto expressivo, Hugo tem a missão de ser "um membro da família dos surdos".

Desde o início, a empresa teve o apoio de aceleradoras importantes, como Quintessa, InovAtiva, Google, Artemisia e Endeavor, que a ajudaram a disseminar o seu propósito: a acessibilidade. Porém, logo ficou claro aos sócios que seria muito difícil sobreviver apenas com os downloads do aplicativo de celular. Aquele não era um modelo sustentável, capaz de fazer a *startup* escalar também financeiramente

"Falávamos nas reuniões sobre os surdos, como eles eram desprovidos de acesso, como se pedíssemos ajuda para os próprios clientes. Mas a empresa que não é de impacto social não entende isso", contou Tenório, em entrevista ao portal Aupa – Jornalismo em Negócios de Impacto Social[18]. "Eles [os potenciais clientes] até se comoviam nas reuniões, me abraçavam, porém iam embora e não fechavam nenhum negócio. Eu estava falando [em eventos] sobre sucesso nos negócios, mas olhei para meu celular e meu saldo [bancário] estava negativo."

---

17 De acordo com dados do Censo de 2010 do Instituto Brasileiro de Geografia e Estatísticas (IBGE).
18 Disponível em: <https://errei.com.br/nao-queremos-a-sua-ajuda>. Acesso em: 20 ago. 2019.

Tempos difíceis. A Hand Talk chegou a sobreviver apenas com as verbas para desenvolvimento científico que recebia do governo federal. Como monetizar o negócio? O eterno desafio das empresas que desenvolvem negócios de impacto social.

Para sair do fundo do poço, os sócios resolveram ampliar o foco da empresa. Além do aplicativo para celular, passaram a desenvolver um sistema de tradução de sites e vídeos para a língua de sinais, que seria vendido às organizações interessadas em se comunicar diretamente com os 10 milhões de surdos no país[19]. Dessa forma, a Hand Talk poderia ganhar escala e renda recorrente, pois as empresas lhe pagariam pelo uso do tradutor, uma base de clientes ativa.

Depois de alguns meses de trabalho, lançaram um software customizado (plug-in) para sites, que funcionaria como um Google Tradutor, só que vertendo o português, escrito ou falado, para a língua de sinais. Hugo era o intérprete.

A época do lançamento da nova ferramenta coincidiu com a discussão e posterior entrada em vigor no país da Lei Brasileira de Inclusão (Lei nº 13.146/2015), que determina que as empresas têm de prover acesso – seja sobre seus dados, produtos ou serviços – a todas as pessoas. Prevê inclusive multas a empresas que não tenham sites acessíveis. Um novo e bom argumento para a venda dos serviços de Hugo.

"Nossas soluções já são usadas por centenas de empresas médias e grandes. Aproximadamente um terço delas atua na área da educação. Mas há também grandes empresas dos mais diversos segmentos, como Samsung, Natura, Avon, Bradesco e Magazine Luiza", conta Tenório, lembrando o esforço empenhado para fazer o novo produto deslanchar. "Precisamos mostrar para as empresas que acessibilidade é uma oportunidade."

Pelo uso do tradutor em Libras, as empresas pagam à Hand Talk uma anuidade, que varia em função do tráfego de seus sites. O aplicativo para celular continua gratuito. A diferença é que agora tem anúncios, que podem ser bloqueados se o usuário se dispuser a pagar uma taxa.

---

19 Disponível em: <https://www.correiobraziliense.com.br/app/noticia/revista/2018/02/25/interna_revista_correio,661907/alguns-nasceram-surdos-outros-adquiriram-por-problemas-na-gestacao.shtml>. Acesso em: 20 ago. 2019.

Pioneirismo premiado

O aplicativo da Hand Talk já tem mais de 3 milhões de downloads. Com ele, o usuário pode digitar, falar e a informação é traduzida automaticamente, pelo Hugo, na linguagem de Libras. A empresa também já teve no passado totens de acessibilidade em alguns shopping centers no país. Esses equipamentos tinham um conjunto de informações sobre o comércio e outros serviços do local, úteis aos consumidores surdos.

A Hand Talk investe na diversidade não apenas nos seus negócios, mas também internamente, na formação de suas equipes. "Hoje, temos um time extremamente diverso e acreditamos que pessoas que vêm de origens diferentes, de identidades diferentes, têm ideias diferentes. E o que faz uma empresa ser criativa, encontrar soluções além do normal, acima da média, é justamente a soma dessas experiências diferentes", diz ele. "Esse é um diferencial competitivo para qualquer empresa."

A companhia criou uma plataforma (http://www.amigodosurdo.com) para estimular pessoas e corporações a divulgarem outras ferramentas acessíveis. "O Movimento Amigo do Surdo nasceu com a missão de democratizar o acesso à informação na internet", diz a empresa na apresentação em seu portal. Nessa plataforma, o usuário pode encontrar os sites que estão acessíveis na língua de sinais, facilitando a navegação de milhões de pessoas que dependem dela para se comunicar. Além disso, a empresa tem o Hugo Ensina, um curso virtual gratuito para ensino da língua de sinais, bastante usado como material didático por escolas.

O pioneirismo e a inovação no uso da inteligência artificial renderam à Hand Talk 12 prêmios internacionais em diversas partes do mundo. Um deles a empresa ganhou em 2013, o World Summit Mobile Award, em Abu Dhabi, da Organização das Nações Unidas (ONU), que escolhe os melhores aplicativos sociais do mundo, uma espécie de "Oscar dos apps".

Em 2016, Tenório foi o primeiro brasileiro eleito um dos jovens mais inovadores do mundo pelo Massachusetts Institute of Technology (MIT). "Esses prêmios fazem com que o mundo todo absorva muito bem nossa ferramenta", diz o empresário.

O prêmio do MIT recebido por Ronaldo Tenório foi concedido em anos anteriores a nomes como Larry Page e Sergey Brin, cofundadores

Oportunidades invisíveis

do Google, Mark Zuckerberg, cofundador do Facebook, e Jonathan Ive, diretor-chefe de design da Apple.

A Hand Talk mantém ainda um bom relacionamento com o Google, iniciado em 2016, nos Estados Unidos. No início de 2019, a empresa brasileira foi a vencedora do concurso Desafio de Inteligência Artificial para Impacto Social, entre 2.602 participantes de 119 países, promovido pela gigante digital. O prêmio, de 3 milhões de reais, será investido na própria empresa.

"O Google é nosso grande parceiro nessa conquista, e nossa grande referência em tradução automática. Ele nos ajuda muito em inteligência artificial", diz Tenório.

Olhando para o futuro

Tenório recentemente mudou-se para o Vale do Silício, na Califórnia. Nos planos da Hand Talk está o lançamento do seu aplicativo nos Estados Unidos, na Língua Americana de Sinais (ASL, em inglês).

"Estamos planejando lançar o aplicativo nos próximos meses, levar para outros países, para outras línguas de sinais no mundo, porque este é um problema global", diz ele. A Organização Mundial de Saúde, órgão ligado à ONU, estima que há 360 milhões de deficientes auditivos no mundo[20].

Sobre a inovação que a empresa traz para o mercado, Tenório, que em 2016 entrou na lista dos jovens brasileiros mais promissores da revista *Forbes*, é enfático: "Trabalhamos para que mais pessoas e mais empresas percebam que ser inclusivo é uma oportunidade, e isso vem surtindo efeito não só no Brasil, mas no mundo todo".

A Hand Talk é uma prova de que a inovação e a valorização da diversidade, juntas, são ferramentas poderosas para a inclusão social. Em poucos anos, com o avanço das tecnologias de realidade aumentada, inteligência artificial, a da internet das coisas, certamente um novo mundo se abrirá para o diálogo entre ouvintes e surdos. É bom saber que uma empresa brasileira – e nordestina – está na frente nessa inovação global e inclusiva.

---

20 Disponível em: <https://news.un.org/pt/story/2013/02/1430001-oms-afirma-que-360-milhoes-sofrem-de-perda-de-audicao-no-mundo>. Acesso em: 20 ago. 2019.

5

VIAJAY: PLATAFORMA DE TURISMO PARA O PÚBLICO LGBTI+

Gays, lésbicas, transexuais e transgêneros têm ocupado cada vez mais seus espaços na sociedade. Por meio do ativismo, da cultura e mesmo por força das mudanças nos costumes, o fato é que a população lésbica, gay, bissexual, travesti, transexual e intersexual (aqui representada pela sigla LGBTI acrescida do símbolo + "para abranger outras orientações sexuais, identidades e expressões de gênero", de acordo com o Manual de Comunicação LGBTI+)[21] vem ganhando mais visibilidade, seja ocupando postos de destaque nas mais diferentes áreas de atividade, seja no mundo corporativo ou das artes, se expressando em manifestações afirmativas já bastante populares, como as Paradas Gay.

A comunidade LGBTI+ constitui também um poderoso segmento de consumo, com demandas crescentes por serviços direcionados às suas necessidades, como é o caso do mercado de turismo gay, que movimentou mundialmente 218,7 bilhões de dólares em 2018, de acordo com pesquisa da consultoria Out Now[22].

---

21 Manual elaborado pela Aliança Nacional LGBTI e pela Rede Regional GayLatino, com o apoio do organismo da ONU. Disponível em: <https://unaids.org.br/wp-content/uploads/2018/05/manual-comunicacao-LGBTI.pdf>. Acesso em: 20 ago. 2019.

22 Disponível em: <https://www.huffpostbrasil.com/entry/turismo-gay-brasil-bolsonaro_br_5cc4aee5e4b08e4e3482d4cc>. Acesso em: 20 ago. 2019.

No Brasil, as cifras gastas por esse grupo de turistas chegaram a 26,8 bilhões de dólares (105,5 bilhões de reais) nesse ano, informa a Câmara de Comércio e Turismo LGBT. Somente a Parada Gay de São Paulo, que é considerada a maior manifestação do gênero no mundo, movimenta anualmente cerca de 190 milhões de reais, segundo o Fórum de Turismo LGBT, da Associação Brasileira de Turismo LGBT (ABTLGBT).

O baiano Fernando Sandes é um empreendedor social inquieto. Em uma viagem à Argentina, ele sentiu falta de saber mais informações sobre a cena cultural LGBTI+ em Buenos Aires. Fernando buscava informações precisas sobre locais, custos e referências na cidade.

Foi aí que teve uma ideia. E se agregasse informações úteis como essas em uma plataforma? "Foi quando surgiu o primeiro estalo. Pensei que a comunidade LGBT talvez precisasse dessas informações, para que outras pessoas não sentissem a mesma grande dificuldade que eu senti ao procurá-las na internet", lembra-se Sandes, que é formado em Ciência da Computação pela Universidade Federal da Bahia (UFBA). Ele fundou, anos atrás, a conhecida plataforma colaborativa "Onde fui Roubado", para mapeamento da violência em cidades brasileiras.

O segundo maior mercado

Para ter um produto relevante, porém, Sandes precisava justamente se informar. Mergulhar mais profundamente, em especial em dados sobre o turismo para esse público. Descobriu tratar-se de um negócio de enorme potencial. "Vi que tinha um grande mercado ali, em termos econômicos. O setor de turismo é uma das áreas que mais crescem no mundo. Mas esse segmento era ainda melhor. Enquanto o turismo em geral cresce a uma taxa anual de 3,6%, o turismo LGBTI+ crescia 8,3% – quase o triplo de crescimento."

O potencial do Brasil é especialmente elevado nessa área. A pesquisa LGBT 2030, também realizada pela consultoria Out Now, aponta o país como o segundo maior mercado de turismo LGBTI+ do mundo. No relatório, a consultoria informa ainda tratar-se de uma comunidade

Oportunidades invisíveis

bastante conectada – "mais da metade dos entrevistados (51%) passam pelo menos 12 horas on-line diariamente".

Além disso, esse público gosta de locais com representatividade de sua identidade. "Um em cada três entrevistados (33%) considera a vida e eventos culturais LGBT um fator importante ao escolher um destino de viagem de lazer", diz o relatório.

Há em todo o Brasil bares, restaurantes, lojas e hotéis já especializados no atendimento ao consumidor LGBTI+. Uma grande inspiração para esses negócios são os bairros LGBT, como o Castro de São Francisco, nos Estados Unidos, os bairros Greenwich Village, de Nova York, e o Soho, de Londres. As grandes redes hoteleiras, segundo o site Maior Viagem, também estão buscando se aproximar do mundo LGBTI+.

"A AccorHotels colocou como meta mundial, a partir de outubro de 2016, trabalhar a diversidade em todos os aspectos. Na América do Sul, a causa LGBT foi escolhida para ser a linha de frente dessa transformação, e, desde fevereiro de 2017, conta com um Comitê LGBT dentro da empresa. Formado por diferentes tipos de pessoas, das mais diferentes gerações e níveis hierárquicos, o objetivo é que da diversidade surjam as ideias a serem colocadas em prática por todo o grupo", descreve reportagem do site Maior Viagem[23].

Marcas também já começaram a mirar esse público. É o caso da cerveja Skol, do grupo AB InBev, que, além de patrocinar a Parada Gay de São Paulo, reuniu outras empresas em uma iniciativa chamada Marcas Aliadas (www.marcasaliadas.com.br), por meio da qual elas se comprometem a ajudar instituições que apoiam a comunidade LGBTI+.

Vale ressaltar que existe no Brasil uma Câmara de Comércio LGBT+ (https://www.camaralgbt.com.br), que tem como objetivo "promover o intercâmbio de conhecimentos e o desenvolvimento das relações comerciais e empresariais entre pessoas físicas, brasileiras ou estrangeiras, fortalecendo o empreendedorismo e o desenvolvimento socioeconômico e cultural da Comunidade LGBT".

---

23 Disponível em: <http://www.maiorviagem.net/hotel-gay-friendly/>. Acesso em: 20 ago. 2019.

Paulo Rogério Nunes

Empreendendo sem investidor-anjo

A Viajay, fundada em 2016, é uma plataforma que combina comportamento e informações. Foi desenvolvida para dar suporte ao turista LGBTI+ em viagens pelo Brasil e por outros países, indicando lugares e passeios *gay friendly* nas cidades, com informações relacionadas a preço, características dos lugares (com fotos), o tipo de música que toca (no caso de bares e baladas), além da geolocalização do viajante.

Na mesma plataforma, que recebe cerca de 150 mil visitantes por mês, está hospedado o seu *marketplace* (serviço de venda on-line), que foi criado para complementar o leque de opções aos clientes. "No Viajay, vendemos produtos e serviços próprios ou de terceiros. Há de pacotes de intercâmbio a vagas em blocos de Carnaval em Salvador", conta Sandes.

O diferencial nos serviços oferecidos pelo site, diz o empreendedor, está na compreensão das especificidades do seu público, o que é fruto de uma parceria com uma agência de intercâmbio bem consolidada no mercado. "Foi a primeira vez que uma agência de intercâmbio fez o trabalho de ir às localidades avaliar, comunicar, contatar previamente as escolas e explicar. Afinal, os estudantes não podiam ir para um lugar onde houvesse preconceito dentro da própria casa em que ficassem hospedados, por exemplo. Uma coisa é você mandar um jovem para o Texas, nos Estados Unidos, um lugar mais conservador. Outra é mandá-lo para a Califórnia", diz Sandes.

A Viajay entrou no mercado sem captar investimentos. Foi concebida a partir dos conhecimentos acumulados por Sandes ainda na faculdade de Ciência da Computação da UFBA. Ele criou sozinho toda a plataforma. Fernando já havia sido diretor de marketing numa empresa júnior de computação na universidade e, mais tarde, juntou alguns amigos e começou o negócio.

Sandes conta como conseguiu aliar o propósito social ao conhecimento técnico ao criar a Viajay. "Sempre gostei de trabalhar com empreendedorismo social, de ver algum significado social no que empreendo. Não fiz faculdade pela técnica, para dominar a programação. Mas, sim, por ver na tecnologia um meio de conseguir impactar a vida das pessoas, de ajudá-las a melhorar de alguma forma", diz o empresário.

De fato, a curadoria de informações fornecidas pela Viajay em sua plataforma pode indiretamente salvar vidas, sobretudo em um país como o Brasil, onde anualmente centenas de pessoas são mortas por serem gays, lésbicas ou transexuais.

Os dados oficiais das Secretarias de Segurança Pública dos estados não detalham esse tipo de ocorrência, mas, de acordo com o Relatório 2017 do Grupo Gay da Bahia, o país contabilizou 445 mortes de pessoas lésbicas, gays, bissexuais, transexuais e travestis naquele ano. Isso significa que, a cada 19 horas e 40 minutos, uma pessoa LGBTI+ foi morta em 2017 no país.

Olhando para o futuro

Assim como acontece com o turismo afro, o setor de turismo LGBTI+ é um grande campo para a economia e está aberto à inovação de serviços. Por isso, Sandes planeja lançar um novo aplicativo: "Estamos pensando em algo diferente da plataforma de desktop", diz, sem entrar em detalhes.

A empresa já lançou a versão em inglês de seu site, o que contribuiu para ampliar o tráfego de clientes de fora do país em sua plataforma. "Já vendemos pacotes, por exemplo, para americanos virem para o Brasil. E estamos trabalhando também na versão do site em espanhol. Um próximo passo importante é internacionalizar o negócio."

A Viajay é um exemplo de plataforma que busca apoiar a comunidade LGBTI+ em sua segurança e proporcionar experiências diferenciadas a esse público historicamente excluído. Que possamos ter, cada vez mais, inovações a favor da diversidade e do respeito para as próximas gerações.

Da esquerda para a direita: Sheila Makeda, Sandra Silva e Shirley Leela

6

MAKEDA COSMÉTICOS: A REVOLUÇÃO ESTÉTICA DAS MULHERES NEGRAS

Um dos setores da economia brasileira que mais se beneficiaram da ascensão social de milhões de pessoas a partir dos anos 2000, a indústria da beleza (produtos e serviços) atravessou com relativo vigor a recessão em que o país mergulhou em 2014. Os gastos dos brasileiros com produtos de higiene pessoal, cosméticos e serviços de beleza, que haviam crescido 230% entre 2003 e 2013 – passando de 11,5 bilhões para 38 bilhões de reais –, continuaram avançando e atingiram 47,5 bilhões em 2017[24].

Com os negros representando boa parte desse contingente de brasileiros que ascenderam economicamente no período, segmentos do mercado de beleza demandados especificamente por afrodescendentes também vêm se expandindo. Dados do Google BrandLab, braço de pesquisa da gigante de tecnologia, mostram, por exemplo, que a procura por informações sobre cabelos afro nas plataformas digitais cresceu 309% entre 2015 e 2017[25].

O acesso à internet por pessoas de todas as camadas sociais, o movimento pelo empoderamento feminino e o lançamento de produtos alternativos para atender esse público, por muito tempo ignorado pela grande indústria da beleza, estão entre os fatores por trás da busca de

---

24 Dados da Associação Brasileira da Indústria de Higiene Pessoal, Perfumaria e Cosméticos (ABIHPEC).
25 Disponível em: <https://www.thinkwithgoogle.com/intl/pt-br/advertising-channels/v%C3%ADdeo/revolucao-dos-cachos>. Acesso em: 20 ago. 2019.

uma estética mais autêntica. Uma das marcas que surgiram nesse vazio deixado pelas grandes indústrias foi a Makeda Cosméticos.

A história da Makeda começa quando Sandra Silva se separa e se vê com duas filhas e grandes problemas financeiros. Uma situação não rara entre mulheres negras das periferias, mas que foi bastante delicada. "Depois de conseguir emprego de doméstica, para complementar a renda, ela também passou a vender bolo, cachorro-quente e a limpar estandes durante as feiras em um grande centro de convenções", conta Sheila, empreendedora e hoje sócia da Makeda.

Desde pequenas, as filhas Sheila Makeda e Shirley Leela acompanhavam Sandra na venda de bolos. "Ela nos levava para ajudar, e ali a gente estava aprendendo a empreender naturalmente, a lidar com cliente, negociar", lembra Sheila.

A virada na vida da família começou quando a mãe decidiu fazer um curso de cabeleireira no Senac (Serviço Nacional de Aprendizagem Comercial). Na mesma época, em 1992, uma empresa americana (de proprietários negros) chegava ao país e procurava por cabeleireiras. "Era uma empresa que tinha uma técnica (permanente afro), para quem quisesse usar o cabelo igual ao do Michael Jackson. Essa era a proposta da empresa", lembra-se.

A família toda foi trabalhar lá. Sheila era ainda adolescente, mas já exercia a função de recepcionista. Ao mesmo tempo, aprendia com os norte-americanos a parte administrativa. Shirley, também muito nova, trabalhava na empresa como auxiliar de cabeleireiro. Passaram-se dois anos, até que os estrangeiros decidiram sair do Brasil. "Nós ficamos sem trabalho."

Busca por identidade

Sandra, a matriarca da família, quando ficou desempregada, montou um salão próximo à estação Belém do metrô, na zona leste de São Paulo. Junto com as duas filhas, ela manteve o salão que funcionou por 12 anos, chamado Arte Axé.

Um tempo depois surgiram alguns salões concorrentes, o que gerou impacto negativo para o negócio de Sandra. "Nós tivemos uma queda (no faturamento). Muitas clientes se foram. Fechamos o salão e ficamos emocionalmente abaladas", recorda-se Sheila.

Nesse momento, a vida profissional da mãe se separou da trajetória das filhas. Shirley foi trabalhar como técnica capilar em uma empresa de cosméticos. Sheila decidiu estudar teatro. No curso descobriu uma conexão efetiva com suas raízes africanas por meio das performances que falavam da história e identidade afro. "Foi então que me achei uma negra linda", lembra.

Em 2012, Sheila continuava a trabalhar como cabeleireira, em paralelo ao estudo de artes cênicas. Atendia suas clientes em domicílio, e parte delas não queria mais fazer alisamento. Ela, então, vislumbrou uma oportunidade:

"Percebi que não existiam produtos para o nosso cabelo. Apenas tratamentos para tentar transformá-lo quimicamente."

Nessa época sua irmã trabalhava com pesquisa e desenvolvimento em uma empresa de cosméticos. Logo após foi demitida. Começaram a idealizar um possível produto para esse mercado.

Não foi fácil, diz Sheila, convencer as pessoas sobre a "revolução crespa e cacheada" que estava por vir. Elas procuraram vários fabricantes de cosméticos e só recebiam "não" como resposta. "Os representantes das indústrias falavam que não daria certo, porque as pessoas queriam alisar o cabelo. Mas minha intuição dizia que em algum momento isso iria mudar", recorda-se.

Até que, em uma dessas tentativas, se deparou com uma funcionária negra da área comercial de uma empresa, que acolheu seu plano. "Ela falou: 'Eu sei o que você quer fazer e vou te ajudar. Você vai começar com pouco, mas logo estará grande'. E me indicou todos os passos que eu precisava para viabilizar minhas ideias."

Bancando o investimento

Nessa época, Sheila ainda estava no teatro, trabalhava como modelo e em eventos. Por três meses, participou como *freelancer* da temporada de um grande espetáculo em São Paulo. Com esse trabalho, juntou 4 mil reais. Pensou em viajar com uma amiga para a Europa. Mas acabou decidindo apostar no sonho de criar uma empresa, a Makeda Cosméticos. Os recursos foram usados para licenças, embalagens, registro da empresa e primeiros produtos. O nome é o de uma rainha africana, também chamada Rainha de Sabá, da Etiópia – país reconhecido pela beleza negra e pelo orgulho de seu povo por nunca ter sido colonizado.

As vendas dos produtos da marca começaram ainda em 2012 com o *Ativador de Cachos Argan* e o *Umidificador Hidratante*, inicialmente, para clientes que elas já atendiam no antigo salão da mãe. Dois meses depois, montaram um novo salão, próximo à estação Patriarca do metrô, na zona leste de São Paulo. Em seguida, criaram uma loja virtual e começaram a distribuir a marca para o Brasil.

Em dezembro de 2012, as irmãs se inscreveram para participar da Feira Preta, evento pioneiro que promove empreendedores negros para todo o Brasil, e é considerado o precursor do ecossistema do Black Business.

"Participamos da feira e vendemos quase todo nosso pequeno estoque. As pessoas ficavam em cima dos nossos produtos. Ficamos surpresas, porque não esperávamos aquele sucesso. Entendi ali que a Makeda tinha um potencial muito grande", conta Sheila, que ainda expõe suas linhas de produtos na Feira Preta anualmente.

Em 2017, as sócias, Sheila Makeda e Shirley Leela, mesmo com recursos reduzidos, procuraram a administração de um shopping no centro da capital paulista e montaram uma loja com decoração de materiais reciclados, como paletes e caixotes, com a ajuda de amigos.

Uma conquista importante e bastante simbólica, já que não são muitos os negócios negros que conseguem atingir esse patamar.

O propósito por trás do produto

O diferencial da Makeda Cosméticos, segundo a empreendedora, está em conseguir unir a história de uma família negra com um produto de qualidade. Optamos por produzir produtos com maior concentração de óleos vegetais e aromas especiais, isentos de parabenos, sal, óleo mineral e sulfato.

De 2012 para cá, muita coisa mudou. Grandes *players* do mercado finalmente acordaram para o potencial das consumidoras negras e se reinventaram. As prateleiras do varejo hoje estão repletas de opções para todos os tipos de cabelo. Porém, muitas marcas ainda estão presas a velhos conceitos e produtos e com uma comunicação que pouco engaja as meninas negras, como mostra o artigo "A revolução na indústria de

Oportunidades invisíveis

cosméticos para cabelos crespos", no site Cacheia: "Queremos menos produtos com parafina, com óleos que mascaram a aparência dos fios! Se não for para tratar a fundo, eu volto para as minhas receitas caseiras! Mais ingredientes naturais, que realmente hidratam, nutrem e reconstroem! Queremos mais vitaminas, queremos realmente cuidar do nosso cabelo[26]".

Historicamente, mulheres negras foram expostas a produtos químicos que provocam uma série de danos, inclusive queimaduras. Ser uma das primeiras empresas no Brasil a produzir e ofertar produtos livres de parabenos, sulfato, óleo mineral e sal é algo bastante inovador. Isso tudo muito antes de os cabelos crespos serem abraçados pelo marketing de cosméticos.

Além disso, a Makeda não testa seus produtos em animais e mantém um relacionamento direto com suas clientes, que buscam muito mais que uma peça bonita de marketing das grandes indústrias. Talvez esse tenha sido o segredo da sustentabilidade da marca.

Essa "revolução estética" que acompanha a Makeda é essencialmente política. Nos blogs, fóruns on-line, canais do YouTube, eventos como a Marcha do Empoderamento Crespo, entre outros do tipo que acontecem em todo o Brasil, as meninas negras aprendem não apenas a cuidar dos seus cabelos, mas a abraçar a negritude, demandando mais espaço político na sociedade[27]. O desafio da Makeda hoje é se manter relevante e ganhar espaço no mercado (apesar de não terem ainda investimentos externos), alinhando a qualidade do produto ao propósito da marca.

Agora a empresa trabalha em um plano de crescimento, o projeto "Makeda Terapeuta", de qualificação para mulheres, para atender seus clientes com métodos de tratamento específicos para cabelos crespos e cacheados, resgatando uma tecnologia ancestral africana de cuidado, ao passo que revendem os produtos Makeda Cosméticos para suas clientes. "Queremos impactar as mulheres, proporcionando empoderamento, empreendedorismo e impacto social positivo", diz Sheila. O plano é que em breve a marca esteja em todas as regiões do Brasil por meio de uma plataforma digital. Se depender da resiliência, inovação, visão estratégica de mercado, a Makeda ainda vai crescer muito.

26 Disponível em: <https://cacheia.com/2016/01/a-revolucao-na-industria-de-cosmeticos-para-cabelos-crespos>. Acesso em: 20 ago. 2019.
27 Disponível em: <https://nacoesunidas.org/uso-do-cabelo-afro-e-ato-politico-dizem-blogueiras-e-especialistas-em-beleza.> Acesso em: 20 ago. 2019.

A ascensão do Black Money no Brasil

O movimento negro brasileiro conseguiu, nas últimas décadas, colocar no debate nacional o tema do racismo de uma maneira muito eficaz, mesmo com as adversidades (enfrentando o mito da "democracia racial"), conquistando espaços importantes nas universidades, setores governamentais e mais timidamente na mídia. O desafio da nova geração de líderes negros, entretanto, é ainda maior: aumentar a participação econômica dos mais de 100 milhões de descendentes de africanos no Brasil.

O tema é complexo, exige investimento público e privado e estratégias como o consumo consciente, economia solidária e a consolidação do chamado Black Money.

Chamo aqui de Black Money[1] esse movimento atual de reconhecimento do potencial político do consumo negro que atua em duas dimensões. Se por um lado o aumento do poder econômico de negros/as nos últimos anos chama a atenção das empresas, por outro conclama os membros dessa comunidade (e seus aliados não negros) a se unirem para comprar serviços e produtos na mão de pessoas negras, aumentando o poder econômico dessa comunidade que, diferente de outros segmentos que chegaram ao Brasil, como imigrantes, nunca tiveram nenhum incentivo para prosperar.

Muitas pessoas ainda não se deram conta, mas a opressão econômica dos descendentes de africanos é um dos maiores entraves para o desenvolvimento do Brasil. Quantas indústrias, canais de TV, redes de supermercado, shopping centers ou hotéis de propriedade negra você conhece? O Black Money é, portanto, um movimento essencialmente político e econômico ao mesmo tempo.

No Brasil, o primeiro estudo sobre o mercado consumidor negro foi feito pela agência Grottera Comunicação Multidisciplinar, somente em 1997. A pesquisa "Qual é o pente que te penteia?", liderada pelo publicitário Luis Grottera, teve a colaboração da revista *Raça*, a primeira publicação nacional voltada para o público afro-brasileiro. O material trazia dados até então completamente ignorados pelas

---

1 A expressão "Black Money" foi, por muito tempo, usada para se referir a dinheiro ilegal, mas hoje foi ressignificada globalmente para se referir ao poder econômico negro.

empresas. Havia no Brasil, naquela época, uma classe média negra com 7 milhões de pessoas, que gastava mensalmente R$ 500 milhões em artigos não essenciais, movimentando, ao ano, R$ 46 bilhões[2].

Essa informação gerou muita surpresa. Até então, no mercado publicitário a associação entre negritude com a falta de recursos e a pobreza era a regra. Há, inclusive, uma frase clássica de um famoso publicitário brasileiro sobre o tema. Em uma entrevista para uma conceituada revista de propaganda, ao ser questionado pelo número pequeno de negros nas publicidades, ele teria dito "Nos comerciais, as pessoas querem se ver representadas como lindas, ricas, poderosas. E os pretos são pobres, meu amor"[3].

Passaram-se alguns anos para que finalmente o mercado brasileiro acordasse para o poder econômico dos afro-brasileiros. Com o ciclo de desenvolvimento que o país viveu entre 2003 e 2013, pesquisadores oficiais e consultores de mercados começaram a buscar formas de entender melhor esse consumidor que ainda era uma incógnita. Cerca de 40 milhões de pessoas deixaram a pobreza e entraram na classe C, a chamada "nova classe média brasileira"[4].

Quem são? Quais seus hábitos de consumo? Quais são suas aspirações? Perguntas como essas foram respondidas por pesquisas como a "Radiografia das favelas brasileiras", que depois se tornou um livro, o *Um país chamado Favela*, escrito pelo pesquisador Renato Meirelles e o empresário e produtor cultural Celso Athayde.

A pesquisa trazia dados incríveis, por exemplo, de que, se as favelas fossem um estado independente, seria o quinto mais populoso do Brasil, "capaz de movimentar 63 bilhões de reais a cada ano"[5]. Apesar de registrar que nas favelas há também pessoas não negras, os dados mostravam que os afrodescendentes eram a maioria dos moradores desse território.

---

2 Disponível em: <https://www1.folha.uol.com.br/fsp/1997/11/09/revista_da_folha/24.html>. Acesso em: 20 ago. 2019.

3 Disponível em: <http://bibliotecadigital.fgv.br/ojs/index.php/gvexecutivo/article/viewFile/49190/48003>. Acesso em: 20 ago. 2019.

4 Disponível em: <https://oglobo.globo.com/economia/cerca-de-40-milhoes-de-pessoas-ingressaram-na-classe-aponta-pesquisa-da-fgv-2756988>. Acesso em: 20 ago. 2019.

5 Disponível em: <https://www1.folha.uol.com.br/livrariadafolha/2017/08/1497056-se-as-favelas-formassem-um-estado-seria-o-quinto-mais-populoso-do-brasil.shtml>. Acesso em: 20 ago. 2019.

Já em 2011, o Fundo Baobá, organização criada para apoio à comunidade negra, pela Fundação Kellogg, encomendou uma pesquisa ao instituto de pesquisas Data Popular, então liderado pelo pesquisador Renato Meirelles, para estudar especificamente o consumo dos afro-brasileiros, independentemente do local onde moram, incluindo os negros das classes A e B. Ali, estimava-se que negros consumiam cerca de 673 bilhões de reais[6]. Já um dado mais recente, de 2017, produzido pelo Instituto Locomotiva, mostra que a comunidade afro-brasileira (pretos e pardos) consome 1,7 trilhão de reais por ano[7].

Poderia ser mais. A crise econômica recente freou o crescente consumo de afrodescendentes no Brasil. A turbulência institucional e política, sem precedentes em nossa história recente do Brasil, teve grande impacto no orçamento das famílias, especialmente em função do desemprego.

Porém, mesmo assim, as conquistas educacionais (como o ingresso de mais negros na universidade), a força do empreendedorismo nas comunidades (ironicamente por causa do desemprego) e a resiliência do povo brasileiro dão esperança de que em longo prazo possamos voltar a ter um horizonte de prosperidade pela frente, mesmo com os retrocessos.

O fato é que, devido ao desemprego, muitas famílias estão apostando em usar suas economias para criar novos empreendimentos e buscar uma alternativa paralela ao mercado de trabalho. Outra pesquisa, coordenada por Renato Meirelles, ilustra esse cenário. O estudo mostrou que 28% dos brasileiros com mais de 18 anos querem abrir seu próprio negócio[8]. Nas comunidades, empreender é quase uma palavra de ordem. "É o empreendedorismo que vai levar a favela adiante. O crédito dentro das comunidades é fundamental para a estratégia de crescimento sustentável dentro das favelas", analisava[9].

---

6 Disponível em: <https://exame.abril.com.br/marketing/populacao-negra-do-brasil-movimenta-r-673-bilhoes-por-ano>. Acesso em: 20 ago. 2019.

7 Disponível em: <http://blogs.correiobraziliense.com.br/servidor/populacao-negra-movimenta-r-17-trilhao-no-brasil-revela-pesquisa-do-instituto-locomotiva>. Acesso em: 20 ago. 2019.

8 Disponível em: <http://g1.globo.com/economia/pme/noticia/2015/06/28-dos-brasileiros-com-mais-de-18-anos-querem-abrir-o-proprio-negocio.html>. Acesso em: 20 ago. 2019.

9 Disponível em: <http://www.cdldf.com.br/geral/748-empreendedorismo-vai-levar-a-favela-adiante-diz-presidente-do-data-popular>. Acesso em: 20 ago. 2019.

Oportunidades invisíveis

E é nesse ponto que entra, mais uma vez, o Black Money, reforçando que o ato de consumir é algo político, ou seja, se uma pessoa precisa comprar um produto ou serviço e ela é consciente das desigualdades raciais, ela deve escolher, prioritariamente, adquirir bens e serviços de uma empresa que seja liderada por negras e negros, ou que, no mínimo, tenha uma política verdadeira para o empoderamento econômico negro. Algumas iniciativas no Brasil também têm trabalhado com o tema, a exemplo do Movimento Black Money, do Merc' Afro, do Kilombu e do Instituto Feira Preta.

Nos Estados Unidos, a relativa pujança econômica da comunidade afro-americana, por exemplo, não aconteceu "do dia para a noite" e não depende apenas do dinheiro das grandes corporações criadas por empresários eurodescendentes.

Ironicamente a segregação racial do início do século XX "forçou" os afro-americanos a serem empreendedores. É que os brancos, por preconceito, não queriam fazer negócios nos bairros de negros. Então, toda a estrutura econômica de parte considerável das cidades (inclusive grandes metrópoles como Nova York, Atlanta, Washington D.C e Chicago) foi desenvolvida por empresários afro-americanos. Hotéis, restaurantes, farmácias, hospitais e até funerárias eram criados e geridos por negros até o final da segregação, no início dos anos 1970.

Um dos marcos do poder econômico negro se deu no final do século XIX, com a criação do Black Wall Street[10], um distrito de negócios no bairro de Greenwood, em Tulsa (no estado de Oklahoma), onde negros ostentavam diversas empresas, jornais, cinemas, joalheria e até aviões, tamanha a prosperidade (porém, tal distrito foi destruído por racistas em um incêndio criminoso).

É importante frisar que o racismo institucional nos Estados Unidos opera de maneira igual ao do Brasil, seja no Judiciário, condenando sobremaneira mais negros para o sistema carcerário (como mostra o livro *A nova segregação: racismo e encarceramento em massa*, da escritora Michelle Alexander) e mesmo limitando o acesso de negros ao capital <u>financeiro, como</u> relatado no livro *The Rich and the rest of Us: a poverty*

10 Disponível em: <https://www.washingtonpost.com/history/2018/10/11/we-lived-like-we-were-wall-street>. Acesso em: 20 ago. 2019.

manifesto, do jornalista Tavis Smiley e do escritor e professor Cornel West (ainda sem tradução no Brasil). A obra em questão foi escrita em paralelo às manifestações do Occupy Wall Street, movimento contra a concentração de renda das empresas financeiras do país e que inspirou, de certa forma, anos depois, o movimento Black Lives Matter, tendo como pauta o fim da violência racial) e está em sintonia com o relatório da Oxfam (Oxford Committee for Famine Relief – Comitê de Oxford de Combate à Fome – uma influente ONG britânica) chamado "Recompensem o trabalho, não a riqueza", mostrando que "De toda a riqueza gerada no mundo em 2017, 82% foi parar nas mãos dos 1% mais ricos do planeta"[11].

Sobre esse ponto, vale a pena ler o livro *Classe média negra: trajetórias e perfis*, da pesquisadora Ângela Figueiredo, quando ela compara Brasil e Estados Unidos e resgata o trabalho de E. Franklin Frazier no já citado clássico *Black Bourgeoisie* (1975).

Porém, dentro dos limites da contradição de ser a nação mais rica do mundo e manter a maior população carcerária do planeta, e do racismo institucional ainda presente lá, é fato que, ao menos no discurso oficial, há uma vontade institucional maior de "igualdade de oportunidades".

Essa igualdade foi construída com muita luta e com investimento público, como pode ser visto ao analisarmos Atlanta, a chamada capital do Black Money (pelo número de negros com sucesso nos negócios), que só saiu da condição de cidade relativamente periférica na economia quando estabeleceu um percentual de contratos públicos a serem destinados a empresas "negras"[12], e hoje é uma espécie de "Meca negra", atraindo pessoas de várias partes dos Estados Unidos.

Um longo caminho

O fato é que mesmo na crise, ainda há muito que se falar sobre o "mercado consumidor negro" no Brasil. A consultoria Think Etnus[13]

---

11 Disponível em: <https://www.oxfam.org.br/noticias/super-ricos-estao-ficando-com-quase-toda-riqueza-as-custas-de-bilhoes-de-pessoas>. Acesso em: 20 ago. 2019.

12 Disponível em: <https://www.nytimes.com/1989/01/27/us/affirmative-action-booms-in-atlanta.html>. Acesso em: 20 ago. 2019.

13 Disponível em: <https://www.etnus.com.br>. Acesso em: 20 ago. 2019.

Oportunidades invisíveis

publicou, em 2016, uma pesquisa sobre os hábitos de consumo dos afrodescendentes da cidade de São Paulo e trouxe *insights* importantes sobre esse mercado ainda pouco conhecido pelos mercadólogos, mas que, como podemos constatar pelos números, é altamente significativo do ponto de vista da construção de estratégias de negócio[14].

Alguns *insights* mapeados pelo estudo da Think Etnus[15] incluem o fato de que 37% dos entrevistados têm dificuldade de achar produtos de maquiagem para seu tom de pele, 52% têm problemas para encontrar perfumes/desodorantes e 89% dos entrevistados creem que as marcas deveriam direcionar produtos específicos para seu tipo de cabelo, pele e anatomia. Por fim, 77% dos participantes da pesquisa disseram não se sentir representados pelas propagandas atuais.

O que fica de importante nesse debate é que o aumento da identidade negra no Brasil é um fato inquestionável e, do ponto de vista empresarial, não pode, em nenhuma hipótese, ser desconsiderado. Dificilmente essa tendência demonstrada nos últimos censos será revertida, e a projeção certamente é de crescimento da identidade negra, assim como podemos ver nos Estados Unidos, onde as pessoas identificadas como brancas/eurodescendentes, que hoje são maioria, serão minoria nas próximas décadas. Esse é o debate entre mercadólogos de lá, que em estudos para entender esse consumidor da *new majority* já antecipam a nova maioria, formada por afro-americanos e os chamados "latinos".

Essa "nova maioria", sobretudo no Brasil, possui um novo repertório e aspirações ainda pouco considerados pelas empresas. Se até pouco tempo esse público era tido como um consumidor de segunda categoria e sem relevância para as estratégias de marketing e publicidade, hoje há uma demanda reprimida incompreendida por representatividade, o chamado afroconsumo[16].

14 Disponível em: <https://movimentoblackmoney.com.br/diversidade-e-marketing-inclusivo>. Acesso em: 20 ago. 2019.

15 Disponível em: <https://www.istoedinheiro.com.br/blogs-e-colunas/post/20161107/forca-afroconsumo/9855>. Acesso em: 20 ago. 2019.

16 Disponível em: <http://afrobrasileiros.net.br/index.php/2017/09/05/pesquisa-afroconsumo-revela-dados-sobre-como-afrodescendentes-consomem-o-mercado-de-trabalho-em-sao-paulo>. Acesso em: 20 ago. 2019.

Essa geração pós-cotas, recém-chegada ao mercado de trabalho, cresceu em um ambiente onde o debate racial é mais aberto, questionando as opressões cotidianas e a sistemática violência contra jovens negros[17] em suas comunidades. O que é bem diferente das gerações anteriores, pois até o início dos anos 1980 o tema do combate ao racismo era um tabu por causa da censura imposta durante o regime militar.

É uma geração que já tem como ícones nomes em diversas áreas, a exemplo da TV. O casal Lázaro Ramos e Taís Araújo é um exemplo disso. Assumiram o posto de "casal modelo" no Brasil, uma posição até então majoritariamente ocupada por casais brancos. O jornal *The Guardian* os apelidou de "Jay Z e Beyoncé brasileiros"[18] e destacou, em matéria, como o Brasil finalmente tem acordado para a importância da diversidade. A série *Mister Brau*, criada pelo cineasta Jorge Furtado e protagonizada pelo casal, foi a série com maior audiência da TV Globo em 2015.

Isso sem falar em ícones pop como as cantoras Karol Conka e Iza, os rappers Emicida e Rincon Sapiência, as youtubers como Nátaly Neri e Tia Má, e intelectuais como Djamila Ribeiro e Carla Akotirene, que ocupam a mídia com o discurso do empoderamento negro, da religiosidade africana, do afrofuturismo e, sobretudo, do feminismo negro.

Tudo isso tem impacto nas aspirações e na visão de mundo do consumidor mais jovem. Se antes meus colegas publicitários achavam que a aspiração de mulher negra era ser como uma mulher branca (e por isso a escolha de modelos brancas para os anúncios), essa tese deve ser, no mínimo, refutada hoje em dia. O sucesso de produções audiovisuais, como a série *Todo mundo odeia o Chris*, exibida pelo canal SBT (e agora no Globoplay), e o filme *Pantera Negra*, da Marvel, são exemplos de como negros e não negros conscientes da necessidade de mais representatividade negra querem mais diversidade na mídia.

---

17 Disponível em: <https://nacoesunidas.org/o-racismo-mata-e-nao-podemos-ser-indiferentes-diz-onu-brasil-em-lancamento-da-campanha-vidasnegras>. Acesso em: 20 ago. 2019.
18 Disponível em: <http://ego.globo.com/famosos/noticia/2015/10/jornal-ingles-compara-lazaro-ramos-e-tais-araujo-beyonce-e-jay-z.html>. Acesso em: 20 ago. 2019.

Estudos sugerem que faz mais sentido que as pessoas afrodescendentes queiram se inspirar em alguém de sucesso, mas certamente alguém que teve uma história que se pareça com as delas ou que o consumidor e o modelo sejam fisicamente semelhantes[19]. A lógica seria "se ela/ele conseguiu, também posso". Faz mais sentido.

Percebemos então que as empresas estão deixando de ganhar por não abraçarem a diversidade. Ainda hoje a publicidade não reflete a diversidade brasileira, como mostra o estudo "TODXS – Uma análise de representatividade na publicidade brasileira", da agência publicitária Heads em parceria com a ONU Mulheres[20].

Militantes do movimento negro já falam sobre esse assunto há muito tempo. Pensadores como Helio Santos, Ivo de Santana, Elias Sampaio, Vanda Sá Barreto e Marcelo Paixão debatem há anos sobre o problema do racismo no campo da economia no Brasil.

Quantos serviços e produtos deixam de atender a essa demanda de mercado por puro preconceito e falta de informação? Como o racismo institucional opera na distribuição do crédito no Brasil? Qual é o custo para o país não incluir milhões de pessoas na economia?

O presidente do bloco afro Ilê Aiyê[21], Antônio Carlos Vovô, tem uma frase muito intrigante sobre esse assunto. Ele disse que o empresário brasileiro "antes de ser capitalista, é racista"[22]. O contexto dessa fala vem do fato de que, por não compreenderem as demandas da comunidade negra, nem apoiarem a causa da inclusão de negros, eles deixam de fazer negócios e ganhar dinheiro. Isso tem mudado aos poucos. Mas que a frase faz sentido, isso faz.

---

19 Disponível em: <https://adage.com/article/adage-encyclopedia/african-americans-representations-advertising/98304>. Acesso em: 20 ago. 2019.

20 Disponível em: <https://epoca.globo.com/apesar-de-evolucao-publicidade-ainda-reforca-estereotipos-sobre-populacao-negra-aponta-estudo-23353739>. Acesso em: 20 ago. 2019.

21 O Ilê Aiyê é o primeiro bloco afro do Brasil, situado no bairro da Liberdade, em Salvador. É considerado um dos pioneiros do movimento pela valorização da estética negra no país.

22 Disponível em: <https://www.correio24horas.com.br/noticia/nid/o-cara-antes-de-ser-capitalista-e-racista-diz-vovo-do-ile-sobre-escassez-de-patrocinio>. Acesso em: 20 ago. 2019.

Gabryella Corrêa

7

LADY DRIVER: O APLICATIVO DE TRANSPORTE PARA MULHERES

Em 2012, quando a empreiteira da qual era sócia foi à falência, a paulistana Gabryella Corrêa prometeu a si mesma que nunca mais empreenderia. A pequena construtora, que fundara dois anos antes com um sócio e que chegou a ter 80 funcionários, fechou as portas e deixou dívidas. Frustrada com o insucesso do primeiro negócio, Gabryella arrumou um emprego como nutricionista, sua área de formação, e voltou a estudar. Foi cursar a faculdade de Gestão Financeira, na Fundação Getúlio Vargas (FGV). Mas um incidente naquela época despertou sua atenção para uma questão de gênero muito comum no Brasil: a vulnerabilidade das mulheres ao assédio. E isso lhe traria de volta a disposição para empreender.

Ao utilizar o serviço de um aplicativo de transportes para se encontrar com um grupo de amigas em um bar, Gabryella foi assediada pelo motorista. Indignada, ao descrever as insinuações e investidas que sofrera do motorista, ouviu relatos de episódios semelhantes vividos pelas amigas. Por precaução, passou a dar preferência apenas a motoristas mulheres, ao solicitar serviços de transporte na cidade. Descobriu que elas eram muito poucas.

"Eu conhecia uma motorista, mas era muito difícil contratá-la, porque ela era muito requisitada", lembra-se. Pesquisou mais sobre o assunto e descobriu que não existia nada exclusivo para mulheres no Brasil. "Achei um serviço assim em Dubai. Mas nada no Brasil, um país tão machista", lembra.

Foi a partir daí, então, que ela teve a ideia de criar uma empresa virtual de transportes com motoristas mulheres, para atender exclusivamente o público feminino. A Lady Driver, aplicativo de transportes para mulheres, seria criada pouco tempo depois – pioneira na segmentação de mercado e, ao mesmo tempo, engajada nas causas feministas. "Dei o nome de Lady Driver para mostrar que a mulher de hoje é diferente. Não se submete mais ao poder financeiro dos homens, ganha seu próprio dinheiro e decide sua vida", conta.

Tirando a ideia do papel

Como ainda trabalhava em outra empresa, em paralelo começou a elaborar um projeto para submeter à avaliação de algumas aceleradoras de negócios (empresas que apoiam negócios com potencial de crescimento rápido, as chamadas "*startups* escaláveis"). Com o interesse despertado pelo projeto, apressou o desenvolvimento do aplicativo. "Tive a ideia em fevereiro de 2016, em maio começamos a desenvolver o aplicativo e finalizamos em setembro", conta.

Naquele mesmo mês, a Lady Driver seria lançada durante a Beauty Fair (Feira Internacional de Beleza Profissional, o maior evento do gênero da América Latina, que acontece anualmente, desde 2004, em São Paulo). Ela tinha conseguido cadastrar 20 motoristas mulheres para a estreia do aplicativo. A boa aceitação que teve na feira e alguns estudos de mercado posteriores mostraram que, para viabilizar a empresa numa cidade com as dimensões de São Paulo, seria preciso um número muito maior de motoristas. "Nosso plano de negócios era muito simples, e serviu para testar se a ideia era viável ou não."

Seriam necessárias pelo menos mil motoristas para o negócio começar a funcionar. Gabryella concentrou-se nas entrevistas e no cadastramento das mulheres interessadas em trabalhar no seu aplicativo. De setembro

Oportunidades invisíveis

até março de 2017, conseguiu arregimentar 1.800 profissionais. "Elas vinham de outros aplicativos. Eu liguei para cada uma delas para explicar como iria funcionar o nosso", conta. "Elas me perguntavam quanto iriam receber (para trabalhar na Lady Driver), eu argumentava que inicialmente nada, porque a empresa não tinha recursos. Mas se todas se unissem, num futuro próximo estariam ganhando. Foi um trabalho muito difícil convencer aquelas motoristas a aderirem ao nosso aplicativo."

Em outra frente, corria para conseguir a licença de funcionamento da empresa. Entrou com o pedido de matrícula em um órgão público, mas o processo empacou. Até que uma jovem funcionária assumiu a documentação e a licença saiu. "É engraçado, mas acho que os homens, não por mal, não veem necessidade de um aplicativo desse tipo", diz sobre os percalços daquele processo.

Em 8 de março de 2018, a licença finalmente foi expedida e a empresa começou a operar em São Paulo, uma feliz coincidência por ser uma data importante da luta pelos direitos das mulheres. "Lançar um aplicativo brasileiro, feito por uma mulher para outras mulheres, não foi fácil", recorda-se a empresária.

O serviço da Lady Driver foi divulgado inicialmente via redes sociais e pelo boca a boca. As próprias motoristas faziam o marketing – algumas até quando estavam trabalhando para outro aplicativo. Se atendiam uma passageira, imediatamente falavam do aplicativo para mulheres e sugeriam que as clientes baixassem o app.

Gabryella diz que usou dinheiro do próprio bolso para dar a partida no negócio. Um mês depois de começar a operar, a Lady Driver recebeu um aporte de 1 milhão de reais de investidores-anjo, numa captação intermediada pela Kick Ventures, uma aceleradora de *startups* da área de tecnologia da informação. Numa segunda rodada, organizada com advogados do escritório Pinheiro Neto, a empresa conseguiu levantar mais 6 milhões de reais. Essas operações deram fôlego à expansão do negócio.

Fazendo frente às gigantes

Para enfrentar os grandes aplicativos de transporte urbano, a Lady Driver aposta alto no relacionamento com as motoristas. O ativismo feminino é a ferramenta para conquistar e manter suas parceiras. No portal da empresa na internet, há uma área intitulada "Seja uma motorista", onde se apresenta como a primeira no país a empregar só mulheres, com a missão de "trazer a igualdade de gênero a este segmento, atender às necessidades do universo feminino e atuar como ferramenta para alavancar sua independência financeira".

A Lady Driver cobra de suas motoristas uma taxa de manutenção de 21% sobre o valor das corridas, pouco abaixo dos 25% cobrados pela líder de mercado. No segundo colocado, as taxas variam a partir de 20%. Uma motorista com dedicação exclusiva ao aplicativo, segundo Gabryella, chega a ganhar mais de 6 mil reais por mês.

Em julho de 2018, foi inaugurado o Galpão Pink, uma construção sustentável com 500 metros quadrados, projetado para o atendimento das "ladies parceiras", como são chamadas as motoristas do aplicativo. Lá funciona o centro de treinamento, a coordenação das motoristas e a área de vistoria de veículos. "É para a gente receber o nosso público, um local todo bonitinho, feito especialmente para elas", diz a empresária.

A liberdade para escolher os horários de trabalho permite a muitas motoristas conciliar a profissão com a maternidade ou outras atividades do dia a dia. "Tem aquelas mulheres que deixam o filho na escola e vão trabalhar no aplicativo. Às vezes, deixam (a criança) com algum parente e voltam horas depois. Essa flexibilidade é muito interessante para as mulheres", explica Gabryella.

Às usuárias dos serviços, na outra ponta, a Lady Driver oferece comodidades que podem parecer detalhes pouco importantes, mas são valiosas. "Temos clientes que relatam que homens motoristas ficavam olhando pelo retrovisor quando elas amamentavam, o que as incomodava", conta Gabryella. Como sua empresa só tem mulheres ao volante, as mães podem amamentar sem se sentirem ameaçadas. "É muito mais tranquilo", completa.

É comum que pais com filhas menores, adolescentes, por exemplo, optem pelo aplicativo para transportá-las à escola, ao dentista ou a outros lugares em horários em que estão no trabalho durante os dias de semana. Na Lady Driver não há restrições para as mulheres levarem os

Oportunidades invisíveis

filhos nas cadeirinhas, diferente de alguns motoristas que muitas vezes criam problemas, e até se recusam a transportar as mães e os seus bebês.

Apesar da forte concorrência e de um ambiente econômico adverso no país, a Lady Driver tem apresentado taxas de crescimento surpreendentes. Em agosto de 2019, a empresa alcançou a marca de 1 milhão de downloads e já operava com 35 mil motoristas. A demografia da capital paulista, onde as mulheres são 53% da população de mais de 12 milhões de habitantes, é também uma importante aliada da empresa.

Para viabilizar esse ritmo de expansão e manter-se competitiva, a Lady Driver precisa investir permanentemente. Mantém, por exemplo, um escritório de tecnologia em Araraquara, cidade do interior paulista próxima ao polo tecnológico de São Carlos. Lá fica a sua equipe de desenvolvimento.

No primeiro trimestre de 2019, ainda, a Lady Driver voltou ao mercado em busca de recursos. Lançou um sistema de financiamento coletivo, conhecido como *equity crowdfunding*, com o objetivo de levantar 2,5 milhões de reais. Por meio de uma plataforma chamada StartMeUp (SMU), qualquer pessoa pode investir, adquirindo cotas a partir de mil reais. Nessa etapa, a meta foi alcançada em cerca de três meses, com a adesão de pouco mais de 600 investidores.

"A maioria desses investidores, cerca de 70%, são mulheres. Um caso incomum, já que geralmente quem investe nesse tipo de captação são homens. O que vemos, nesse caso da Lady Driver, é que as mulheres querem, sim, investir, e estão dispostas a colocar dinheiro em coisas em que elas acreditam", diz Gabryella.

Entre os homens, há investidores que foram levados a aportar recursos na empresa por motivação pessoal e relacionada a mulheres. "Um deles, um alto executivo, me disse que investiu na Lady Driver por causa da sua história. Ele contou que viu sua mãe sofrer muito preconceito e ter muita dificuldade para criar sozinha sua irmã e ele. E que via a Lady Driver como uma oportunidade para muitas mulheres que talvez estejam na mesma situação que sua mãe", conta a empresária, e conclui: "Os nossos investidores investem não só pelo lucro, que com certeza virá, mas principalmente pela causa que a empresa vende".

Fundadora e a principal executiva, Gabryella tem participação majoritária no capital da empresa. Alguns investidores converteram seus aportes e detêm cotas minoritárias no negócio. Os investidores que participam das captações tornam-se sócios por meio de contratos de mútuo conversível, muito usado por *startups* e que possibilita ao investidor converter o dinheiro aplicado em ações da empresa no futuro, caso queira.

Além da empresária, participam diretamente da gestão da empresa cerca de 30 pessoas, distribuídas nas áreas de atendimento, marketing, tecnologia, administrativo e operações.

O engajamento na defesa dos direitos das mulheres e a relação direta com o público feminino fazem da Lady Driver também uma parceira valiosa para as marcas. Essas parcerias são estratégicas para alavancar os negócios. Grandes empresas já participaram de ações junto com a Lady Driver.

"Essas empresas olham o trabalho que estamos fazendo e também querem fazer algo pensando nas mulheres e na diversidade. E para passar do discurso à prática, unem-se à Lady Driver", diz Gabryella, que em 2018 foi a ganhadora do Prêmio Claudia, concedido pela revista feminina do grupo Abril, na categoria negócios.

"Confesso que, inicialmente, não tínhamos isso em mente, mas agora está se tornando um modelo importante porque as marcas estão nos procurando. Hoje, elas conseguem enxergar o trabalho que estamos fazendo. Querem falar do 'empoderamento' da mulher e de diversidade, então se unem à Lady Driver, uma empresa que genuinamente valoriza e reconhece a mulher", conta a empreendedora.

Enquanto consolida sua presença no maior mercado de transporte urbano da América do Sul, a empresária começa a traçar planos para levar a Lady Driver a outras cidades do país. O Rio de Janeiro será a próxima capital nacional a receber os serviços das motoristas da marca.

Para isso, no início do segundo semestre de 2019 a Lady Driver lançou uma nova operação de captação, desta vez para levantar 15 milhões de dólares, justamente para expandir sua presença a outras cidades do país. "Queremos replicar nossos serviços com qualidade, mas com segurança",

Oportunidades invisíveis

diz. O desafio é aumentar o número de mulheres motoristas para ganhar o alcance de outros grandes apps do setor e diminuir o tempo de espera das usuárias.

A história de Gabryella, que já foi tema de reportagens em veículos internacionais, como o jornal *Financial Times* e a BBC, é sem dúvida muito inspiradora para mulheres que pensam em empreender numa sociedade machista como a brasileira.

"No começo, muita gente duvidava que conseguiríamos superar essas barreiras. Diziam: 'mulher não gosta de dirigir, não sabe dirigir'. Éramos motivo de chacota. Mas superamos as barreiras e estamos aqui. A Lady Driver é o maior aplicativo de transporte feminino do mundo."

Cristina Mendonça e Ana Paula Xongani

8

XONGANI: O PODER DA MODA AFRO

A moda e a afirmação da identidade negra sempre tiveram forte presença na vida da empresária paulistana Ana Paula Xongani. Desde pequena, ela se vestia de um jeito diferente das outras crianças, sempre com muita identidade. Graças à mãe, Cristina Mendonça, ativista de causas raciais e costureira de mão cheia, que sempre cuidou de fazer as suas roupas. "Produzir" a filha era uma maneira de estimular sua autoestima e preservá-la do racismo. Menina negra e de cabelo natural, Ana Paula costuma dizer que a "moda" criada pela mãe era uma "forma de proteção" na sua infância.

Até hoje, a moda une mãe e filha. Elas são donas da Xongani, uma grife de roupas e acessórios de inspiração africana, fundada pouco depois de Ana Paula terminar a faculdade de design, em 2008. A forte identidade da grife com a cultura negra, combinada com a ascensão dos movimentos de afirmação racial no país, deu o impulso que a Xongani precisava para deslanchar.

"As pessoas queriam vestir seus discursos", diz Ana Paula, observando que cada vez mais jovens negros querem usar referências à sua cultura nas roupas, como turbantes, batas africanas e acessórios.

A conexão entre moda e ativismo também abriu caminho para que Ana Paula se aventurasse em uma nova carreira: a de influenciadora –

Paulo Rogério Nunes

atividade em que se firmou atraindo dezenas de milhares de seguidores no YouTube e no Instagram. "Comecei divulgando a Xongani e entendi que eu poderia comunicar outras coisas."

Em seus canais digitais, a empresária não fala apenas de moda, mas também sobre família, relacionamento, casos de racismo e, claro, empoderamento estético. Alguns vídeos seus já viralizaram e alcançaram milhões de pessoas: em um deles, ela relata um caso de racismo sofrido por sua filha.

Mais de uma década na estrada

Para entender a trajetória da Xongani é preciso voltar para o curso de design, na Faculdade de Belas Artes de São Paulo, quando Ana Paula começou a pesquisar, por conta própria, elementos da moda e da história da África. Ela se dedicou ao tema durante todo o período acadêmico e, antes de concluir sua pesquisa, decidiu ir a Moçambique, país do sudeste da África.

Lá ela descobriu a capulana, tecido com estampas de cores vivas, tradicional no modo de vestir das pessoas em Moçambique e no Quênia. Apesar de sua forte identidade com os costumes daquela região, a capulana é um tecido de origem asiática, que teria chegado à costa leste africana pelo oceano Índico, entre os séculos X e XI, trazido por mercadores árabes e persas. Durante alguns séculos, a capulana foi símbolo de poder e riqueza, usada apenas nos trajes de reis e líderes étnicos. Suas texturas, cores e padrões de estampa evoluíram ao longo do tempo, assim como o seu uso, hoje bem mais popularizado.

Entusiasmada com o relato da filha sobre a beleza dos tecidos moçambicanos, Cristina pediu que ela trouxesse a maior variedade que conseguisse para o Brasil. Com os tecidos em mãos, desenhou e confeccionou diferentes peças de roupa para a filha. Rapidamente as novas criações caíram no gosto das amigas de Ana Paula, que passaram a fazer encomendas. A ideia de criar uma empresa começava a germinar naquela residência de classe média da zona leste de São Paulo.

Oportunidades invisíveis

No embalo da Feira Preta

Na mesma época, Adriana Barbosa, empreendedora pioneira em movimentos para incentivar a criação de empresas voltadas ao público negro, estava prestes a inaugurar uma nova edição da Feira Preta, o maior evento de cultura negra do Brasil. Convidadas a expor suas peças de roupas e acessórios, Cristina e Ana Paula se deram conta de que não estavam preparadas para o sucesso que os modelos de tecido africano fariam entre os visitantes da feira. Descobriram um "mercado carente". E se convenceram de que podiam atender muito bem a esse nicho específico de consumo. Mas, para isso, precisavam se organizar melhor.

Ana Paula detinha todo o conhecimento acumulado em suas pesquisas acadêmicas sobre moda, além do aprendizado da viagem. Já a mãe, dominava a técnica do artesanato e da confecção. Assim, em 2008 nascia o Ateliê Xongani. "Decidimos que aquele seria nosso empreendimento e a nossa história dali em diante", recorda Ana Paula.

O chamado segmento de moda afro já existia havia algum tempo no país, mas a Xongani capturou o espírito daquele momento, incorporando os anseios de parte de uma geração que começava a mergulhar com convicção no ativismo negro, principalmente em São Paulo.

Ao falar daquela época, o final dos anos 2000, Ana Paula observa que as ações afirmativas estavam "bombando", embaladas pelo bom momento da economia do país. Ao mesmo tempo, as políticas de inclusão adotadas pelo governo federal estavam no auge, mais pessoas estavam estudando, com maior acesso às universidades, e o mercado de trabalho se expandia. "Era como se a marca estivesse falando com seu público, com o discurso certo no momento ideal. Uma questão de posicionamento, que vinha da legitimidade e da diversidade."

A Xongani estreitou o contato com seu público, em sua maioria mulheres negras (são 85% das clientes da marca), e aumentou significativamente o volume das importações de tecidos africanos para dar conta da demanda. Outro movimento acertado foi apostar na plataforma digital, com o lançamento de uma loja virtual em 2011. Uma ação estratégica, pois mãe e filha perceberam que sua clientela não estava apenas em São Paulo, mas também em outras regiões do país. Além de custar menos, o canal digital de vendas daria um alcance maior à marca.

Apesar das crises recorrentes na economia brasileira, a mais recente iniciada em 2014, o mercado da moda negra segue em expansão no Brasil. Desde as pioneiras estilistas, Dete Lima (anos 1970), Goya Lopes (anos 1980/1990) e Mônica Anjos (anos 2000), passando por marcas mais segmentadas, esse mercado tem sido impulsionado também por feiras e eventos. Criada em 2002, a Feira Preta tornou-se o maior propagador da moda afro no Brasil. Em Salvador, desde 2016, acontece o Afro Fashion Day, promovido pelo jornal *Correio*[28], que reúne cerca de 50 marcas negras, como Negrif, Katuka e NBlack. Ou seja, a moda negra tornou-se um negócio lucrativo e gerador de renda em todo o país.

Abrindo novos caminhos

Combinando originalidade, inovação e qualidade, a Xongani se tornou uma das principais grifes de moda negra feminina do país, com coleções que vão de vestidos a moda praia. "Hoje a Xongani é uma grife mesmo. Viramos sinônimo de verdadeiro, original", diz Ana.

A marca também começou a produzir vestidos de noiva, tornando-se pioneira na confecção desses trajes com design afro – novidade que deu impulso adicional à Xongani, ampliando seu espaço na mídia e na comunidade afro-brasileira. Além disso, o leque de produtos passou a incluir acessórios, como brincos, colares, casacos, mochilas e até moda praia.

A empresa produz em média mil peças por mês. A cada quatro meses, lança microcoleções, com 20 peças cada (entre roupas e acessórios), além de sua coleção básica, composta de 30 itens.

Por trás dessa expansão do mercado de moda negra no país, Ana Paula gosta de lembrar, há também a disseminação do conceito do Black Money, segundo o qual as pessoas negras e não negras partidárias da inclusão racial devem priorizar em suas compras marcas que se afirmam

---

28 https://www.correio24horas.com.br/afrofashionday/

Oportunidades invisíveis

como negras. "Eu sou preta, ativista, e o meu público também é. Eles têm o mesmo pensamento político", reforça a empresária, que está inaugurando um sistema de revenda de suas peças, além de manter a loja virtual que distribui produtos para todo o Brasil.

Foi esse engajamento explícito na promoção de sua marca que fez de Ana Paula uma potente porta-voz para as questões raciais na internet. Com o alcance das redes sociais, a empresária tornou-se uma das principais influenciadoras digitais negras do país.

Como os influenciadores negros ainda são pouco apoiados por marcas, em julho de 2018, Ana Paula reuniu outros criadores de conteúdo e cofundou o Coletivo Influência Negra, plataforma digital cujo objetivo é dar maior visibilidade a pessoas negras na internet. A ideia de criar o coletivo surgiu depois de uma grande multinacional contratar um grupo de 11 influenciadores para uma ação de marketing, e entre eles haver apenas um negro.

Além do conteúdo afirmativo, Ana Paula percebeu que falar sobre sua experiência como empreendedora poderia ser inspirador para outras mulheres. Ela passou então a produzir conteúdo sobre o assunto e atraiu a atenção de grandes corporações. No final de 2018, ela também participou de um vídeo institucional de final de ano da Coca-Cola. E no início de 2019, foi destaque no canal oficial do Bradesco.

As portas seguiram se abrindo para ela e sua causa. Em maio de 2019, Ana Paula foi convidada pelo canal por assinatura GNT, da Globosat, para apresentar um programa de moda. A bem-sucedida trajetória como comunicadora, contudo, não tira sua atenção da marca Xongani. Ela trabalha agora no desenvolvimento de um modelo para replicar o Ateliê Xongani em outros bairros de São Paulo e nas periferias de outras cidades do país. Essa presença, diz a empresária, faz parte do "nosso ideal de marca".

A história da Xongani mostra o poder e o alcance da moda negra no Brasil, e como ela pode ser um grande vetor para a geração de renda para milhares de pessoas, ao mesmo tempo que contribuiria para elevar a autoestima de mulheres e homens negros, que por muito tempo tiveram sua estética negligenciada.

Billion Dollar Roundtable: um clube de empresas que investe 1 bilhão de dólares em negócios com diversidade

A história a seguir fará você entender como o Brasil ainda está longe de possibilitar uma real inclusão de segmentos socialmente excluídos dentro das empresas. Imagine um grupo de empresas que se juntam para traçar uma meta de comprar por ano pelo menos 1 bilhão de dólares de empresas lideradas por mulheres, afrodescendentes e demais grupos sub-representados. Parece sonho ou utopia, mas esse grupo existe nos Estados Unidos e chama-se Billion Dollar Roundtable.

Com atuação desde 2001 e sede no estado do Alabama, essa coalizão de megacorporações reúne empresas como Toyota, Ford, Walmart, Apple, GM e Microsoft[1]. Ou seja, marcas de peso que não apenas investem em uma propaganda mais diversa, mas querem provar o poder da diversidade ao incluir esse segmento em sua cadeia produtiva.

A lógica por trás do grupo é liderar pelo exemplo, fazendo com que as empresas fundadoras tomassem a liderança dessa ideia no início dos anos 2000 e a cada biênio fossem adicionando mais corporações, fato explicado no slogan deles, algo como "lidere, influencie e crie um formato".

A visão dessas empresas está longe do olhar assistencialista que as empresas têm aqui no Brasil em relação às comunidades. Lá, eles entendem que esses pequenos negócios liderados por empreendedores diversos são muito mais disruptivos e criativos, se adaptam melhor às adversidades e podem representar melhor os consumidores de um país cada vez mais multicultural, onde em breve a "minoria" será "maioria".

A escritora e colunista da *Forbes*, Geri Stengel, no artigo "The next business revolution: diversity"[2] (A próxima revolução dos negócios:

---

1 Disponível em: <https://docs.wixstatic.com/ugd/17b327_038b409692fc4380a417490d6afafb14.pdf>. Acesso em: 20 ago. 2019.

2 Disponível em: <https://www.forbes.com/sites/geristengel/2017/08/09/the-next-business-revolution -diversity>. Acesso em: 20 ago. 2019.

Oportunidades invisíveis

diversidade), argumenta que "A diversidade força as empresas a irem além do que se faz no dia a dia para encontrar novas formas de fazer as coisas"[3].

Em entrevista ao site Black Enterprise, Sharon Patterson, presidente e CEO da Billion Dollar Roundtable, explicou que a organização tem como objetivo destacar empresas que olham a diversidade de fornecedores como um "imperativo estratégico". "Nós celebramos essas empresas porque ter 1 bilhão ou mais em gastos [com grupos minoritários] diz que você tem um programa de alto nível. Nós auditamos os membros e documentamos suas melhores práticas, para que possamos compartilhá-los com outras empresas", explica Patterson[4].

Empoderar negócios de base não é uma tarefa fácil, como explica Peter Kiriacoulacos, da Comcast NBCUniversal, nomeado, em 2017, Chefe de Suprimentos do ano pelo Conselho Nacional de Desenvolvimento de Fornecedores Minoritários (NMSDC)[5].

> "Negócios diversos também são muitas vezes pequenas empresas, e às vezes não têm escala nem recursos para sequer se candidatar à oportunidade de trabalhar com grandes corporações como a nossa. Limitações de escala também significam que elas podem não ter as certificações adequadas ou ter a capacidade de fornecer as projeções de que precisamos. Por isso, lançamos alguns programas internamente para ajudar os fornecedores que têm capacidade, mas não a escala, a trabalhar com empresas de nosso porte. Por exemplo, iniciamos os programas de incubação na Comcast e NBCUniversal, criados para educar uma seleção de fornecedores em crescimento

---

3 Disponível em: <https://s3.amazonaws.com/online.anyflip.com/vdoi/ipxo/mobile/index.html#p=2>. Acesso em: 20 ago. 2019.
4 Disponível em: <https://www.blackenterprise.com/major-companies-spending-over-1-billion-annually-with-minority-businesses>. Acesso em: 21 ago. 2019.
5 Disponível em: <http://diversity.comcast.com/q-a-seat-at-the-billion-dollar-roundtable>. Acesso em: 21 ago. 2019.

sobre como se tornarem empresas certificadas como de propriedade diversificada[6] e como trabalhar melhor com empresas da Fortune 500."

Ou seja, conforme o depoimento do executivo da NBCUniversal, a velha desculpa da falta de qualificação não pode ser usada para justificar a ausência de esforço institucional de incluir essas empresas.

Seguem aqui as regras do grupo, de acordo com o site oficial da Billion Dollar Roundtable:

- As empresas devem ter um programa estabelecido de diversidade de fornecedores, com recursos significativos para gerenciar os esforços de divulgação e influenciar os clientes internos e externos.
- As empresas devem passar por auditoria com verificação de recursos financeiros efetivamente fornecidos a fornecedores da MWBE.
- As empresas devem fazer parcerias com empresas certificadas pelo Conselho Nacional de Diversidade de Fornecedores Minoritários[7].

Lista das empresas da BDR (2019):
Adient
Apple Inc.
AT&T Inc.
Avis Budget Group
Bank of America
The Boeing Co.

---

6 Empresa que tem entre seus proprietários representantes de grupos politicamente minoritários.
7 O Conselho Nacional de Desenvolvimento de Fornecedores Minoritários promove oportunidades de negócios para empresas de negócios minoritárias certificadas e as conecta a membros corporativos. Disponível em: <https://www.nmsdc.org/about-nmsdc. Acesso em: 21 ago. 2019.

Oportunidades invisíveis

Comcast NBCUniversal
Cummins Inc.
CVS Health
Dell Inc.
Exelon Corp.
Fiat Chrysler
Ford Motor Co.
General Motors Corp.
Honda North America
IBM Corp.
Johnson Controls Inc.
Johnson & Johnson
Kaiser-Permanente
The Kroger Co.
Merck & Co.
Lear Corp.
Microsoft Corp.
Pacific Gas & Electric Co.
Procter & Gamble Co.
Toyota Motor North America Inc.
Verizon Communications Inc.
Wal-Mart Stores Inc.

Patrícia dos Santos

9

EMPREGUEAFRO: ABRINDO PORTAS A PROFISSIONAIS NEGROS NAS EMPRESAS

No Brasil, visitar a sede de uma grande empresa, nacional ou multinacional, normalmente nos traz uma constatação inquietante. Apesar do discurso oficial e de um relativo avanço no campo da publicidade, na maioria das empresas de grande porte há pouca ou nenhuma diversidade racial entre os funcionários, sobretudo em postos de média gerência, diretoria ou de conselhos.

Embora o tema da diversidade venha sendo debatido com mais intensidade nas corporações nos últimos anos, menos de 5% dos profissionais em cargos executivos nas grandes companhias são afrodescendentes. Em relação às mulheres negras, a situação é ainda pior: apenas 0,4% delas ocupam posições de direção[29].

Uma das justificativas atuais de profissionais de Recursos Humanos (RH) para a baixa diversidade racial nos escalões médios e superiores é que não há pessoas qualificadas, ou que não é fácil achar profissionais entre os candidatos negros. Foi pensando em mudar esse quadro que a

---

29 Disponível em: <https://www.ethos.org.br/cedoc/profissionais-negras-demandam-mais-politicas-afirmativas-no-mercado-corporativo-bras%20ileiro/#.XS4MhetKjIU>. Acesso em: 21 ago. 2019.

paulistana Patrícia dos Santos criou, em 2004, a EmpregueAfro, empresa de consultoria em Recursos Humanos e Diversidade Étnico-Racial.

Para entender o empreendimento, é importante conhecer a trajetória de sua fundadora, que tem muito em comum com a história de milhões de afro-brasileiros que lutam pela inserção no mercado de trabalho.

Com origens na periferia de São Paulo, Patrícia foi criada pela avó Ermozina Maria de Jesus, conhecida como Nenzinha, que nasceu em 1910, numa fazenda de café em Vitória da Conquista, interior da Bahia. Essa avó casou-se aos 12 anos com um português e teve 12 filhos. "Ela sempre me contou muitas histórias sobre a escravidão, o que me deu muita consciência racial", lembra a empresária.

Patrícia começou a trabalhar muito cedo em um escritório de contabilidade. Depois foi recepcionista em uma academia e balconista de loja de shopping, até começar o curso superior de Pedagogia. A carreira de pedagoga, contudo, não passou de uma experiência como estagiária. "Não me identifiquei com a área, mudei para gestão de RH."

Alguns anos mais tarde, conseguiu um emprego no departamento de RH de uma grande emissora de TV. Animou-se com a oportunidade e passou a desenvolver iniciativas para inserir mais negros na empresa. Porém, a empolgação de estar em um local prestigiado, com capacidade para absorver mais profissionais como ela, logo se transformou em frustração. "Percebi que não havia candidatos negros. Recebia, em média, de 20 a 30 candidatos a vagas todo mês, e nenhum era negro. Algo estava errado", ela lembra.

O quebra-cabeça da exclusão

Patrícia não entendia por que os negros não chegavam às áreas de recrutamento da emissora. Decidiu, por conta própria, estudar e pesquisar o mercado de trabalho sob a ótica da questão racial. De saída, surpreendeu-se ao descobrir que quase não havia literatura sobre o assunto. Em busca de mais informações, começou a participar do movimento negro e de eventos relacionados à cultura negra, em São Paulo. "Foi quando comecei a montar o quebra-cabeça."

Em meio aos debates sobre cotas raciais, no início dos anos 2000, ela participou de grupos de estudo pelo Orkut – a rede social antecessora

Oportunidades invisíveis

do Facebook, popular na época. "Numa dessas discussões, um amigo disse: 'Você é a única pessoa negra que eu conheço que trabalha num departamento de Recursos Humanos. Por que não aproveita e cria um projeto de empregabilidade?'"

Ao abrir as portas da EmpregueAfro, Patrícia diz ter se dado conta de estar diante "de um grande problema social" e, aos poucos, começou a entender por que as pessoas negras não chegavam às áreas de seleção de pessoal das empresas. "Vi que a questão era mais profunda. Era um problema de racismo estrutural, que afetava a autoestima da população negra e impedia que as pessoas desse grupo se apresentassem para concorrer às vagas, pois não tinham aspirações sociais na vida."

A empresária começou a promover palestras na Faculdade de Tecnologia de São Paulo (Fatec). Em julho de 2005, conta, uma grande corporação da área de tecnologia procurou a EmpregueAfro.

A empresa encomendou a elaboração de um processo seletivo para escolher profissionais entre os estudantes negros que participavam das palestras na faculdade. "Eles tinham um executivo negro, que tinha vindo dos Estados Unidos e, ao perceber que no Brasil não havia empregado negro na empresa, pressionou o departamento de RH por um programa de inclusão."

Aquele projeto foi o primeiro passo de um modelo de negócio que hoje tem algumas das principais multinacionais instaladas no Brasil entre os seus clientes. "Em 2013, consegui mergulhar na EmpregueAfro de vez, *full time*. E transformei o meu projeto, efetivamente, em uma consultoria", conta Patrícia.

Maior competitividade

As empresas contratam a EmpregueAfro para serviços que incluem entrevistas com as lideranças e definição de estratégias de inclusão, além da elaboração de programas de diversidade. "Fazemos o engajamento interno, com o diagnóstico de diversidade de forma geral e foco na questão racial. Realizamos treinamentos internos, palestras de conscientização, de sensibilização, e só depois desenhamos programas de atração, programas de estágio e de *trainees*." A empresa é que faz a divulgação das vagas, a captação das pessoas, e as encaminha para as empresas", explica.

Essa metodologia gerou frutos. O "Programa 2020", desenvolvido pela EmpregueAfro para o grupo de publicidade JW Thompson (JWT), é um bom exemplo. "Eles criaram o programa de inclusão de negros com a meta de ter 20% de negros em seus quadros até 2020. Nós estruturamos e fizemos o primeiro processo seletivo da agência, que virou reportagem do *Jornal Nacional*, na Rede Globo", diz a empresária.

O programa começou a tomar forma em 2016, durante uma conversa entre o publicitário Ricardo John, então vice-presidente de criação da JWT, Andrea Assef, diretora de comunicação da agência, e Raphaella Martins, também publicitária da agência na época. Em entrevista ao portal 1 Papo Reto, do jornalista Rosenildo Ferreira (que atuou como consultor no projeto), John explicou o objetivo do programa: "Ficou claro para nós que a agência precisava refletir melhor a diversidade do país no qual ela está inserida. E isso está sendo feito não apenas pelo altruísmo, mas também pela busca de uma maior competitividade do negócio"[30].

Passados três anos desde o seu início, o projeto desenhado pelos executivos da JWT, em parceria com a EmpregueAfro, levou a agência a ganhar um "Leão de Ouro" em Cannes, o maior evento da publicidade mundial. A filial brasileira da JWT faturou o Leão na categoria "Industry Craft" em 2019, por uma campanha desenvolvida justamente para a Faculdade Zumbi dos Palmares. A peça fala de um livro de personagens negros[31] esquecidos pela história e foi criada por um grupo de profissionais da agência, muitos deles negros.

Olhando para o futuro

"Queremos ter no portfólio as 500 maiores empresas do país", diz Patrícia. A EmpregueAfro também planeja criar um instituto de educação para empregabilidade, que atuará em Salvador e em São Paulo. "Hoje, as estatísticas mostram que existem 4,6% de executivos negros no país. Em

---

30 Disponível em: <https://paporeto.net.br/o-plano-da-thompson>. Acesso em: 21 ago. 2019.

31 Disponível em: <https://cannes.meioemensagem.com.br/noticias2019/2019/06/26/dez-leoes-que-provam-o-impacto-d%20o-craft>. Acesso em: 21 ago. 2019.

Oportunidades invisíveis

dez anos, é possível chegar a mais de 30%, o que seria um número justo. Nós queremos trabalhar para isso", anima-se.

Em paralelo aos planos para a EmpregueAfro, a empresária tem se tornado uma referência no debate sobre empregabilidade na imprensa. Desde 2017, ela atua como comentarista no programa "Encontro", da apresentadora Fátima Bernardes, na TV Globo.

"Eu gosto de estar no programa, a produção me dá liberdade para falar o que eu quiser sobre as questões que envolvem o mercado de trabalho. Já fiz pautas de 'viés inconsciente de diversidade', de relação com os chefes, assédio moral, assédio sexual. É um serviço de utilidade pública importante", afirma.

Ser uma referência para outras mulheres empreendedoras, para ela, é um prêmio: "Eu recebo muitas mensagens nas redes sociais, dizendo: 'Você é um exemplo, um modelo, uma esperança, por ser mãe de quatro filhos, mãe só, empreendedora, ter um negócio social focado numa mudança'. Isso é muito gratificante".

Modelos com a linha de produtos

10

DAMINHACOR: TOUCA DE NATAÇÃO PRÓPRIA PARA CABELOS AFRO

Os negros representam pouco mais da metade da população brasileira[32], mas só recentemente começaram a entrar no radar das grandes marcas de bens de consumo do país. Mesmo assim, há muitas lacunas na oferta de produtos a esse público. Atentos e conscientes do valor da identidade étnica, empreendedores negros têm investido em projetos para preencher alguns dos vazios deixados pelas grandes corporações.

O administrador de empresas Maurício Delfino é um deles. Ex-funcionário de multinacionais, Delfino fez muitas viagens ao exterior, e sempre se incomodava ao encontrar lá fora produtos para consumidores negros que não existiam no Brasil.

Em meados de 2017, depois de deixar uma concessionária de gás, ele decidiu abrir uma empresa. Fez uma lista de itens que tinha comprado em viagens para a irmã, mãe, esposa e tias, ao longo dos anos. Aquilo continuava a incomodá-lo. "Por que aqui não tem alguns desses produtos? Ou, se tem, por que são tão caros?"

Ao longo dos seis meses que passou trabalhando no planejamento da sua empresa, definiu que atuaria nos segmentos de esportes e beleza,

---

32 A proporção de pretos e pardos na população brasileira é de 53,6%, segundo dados do Censo de 2010 do IBGE, atualizados em 2015.

com itens de nicho para negros. Consultou executivos e especialistas de mercado. Ouviu de alguns deles que deveria começar com algo inovador, sem similar no mercado. Essa seria a melhor estratégia para lançar a sua marca.

Daquela lista inicial foi descartando itens, até identificar um que, seguramente, não estava à venda no Brasil. O seu produto inovador seria uma touca de natação para pessoas com cabelos afro – volumosos no estilo *black power*, cacheados, com tranças ou *dreadlocks*.

O nome da empresa, DaMinhaCor, tornou-se a marca da primeira touca para cabelos afro comercializada no Brasil. Inexperiente naquele tipo de empreitada, começou importando um pequeno lote do produto – "para testar". Distribuiu a algumas pessoas. O acaso, então, entrou em cena.

Impulso inesperado na largada

O empresário tinha falado sobre as toucas para a dona de um salão de beleza especializado em *dreadlocks* e tranças, em Osasco, na Grande São Paulo. Uma cliente do salão, que na semana anterior levara a filha de 13 anos para colocar esses adereços nos cabelos, voltou ao local para tirar as trancinhas. A menina participaria de uma prova de natação entre colégios dali a alguns dias, e a touca que tinha não servia com o novo penteado.

A dona do salão lembrou-se das toucas de que Delfino falara, e o avisou. Ele levou o acessório para a menina. Ela foi à competição, ganhou duas provas e suas fotos, vestindo a touca "diferentona" no pódio, chamaram a atenção nas redes sociais. A garota, Sofia Dionísio, e a história da touca foram tema de muitas reportagens em canais de TV, revistas e jornais.

A marca DaMinhaCor ganhava visibilidade em todo o país, antes mesmo de a empresa estar preparada para operar. "As primeiras reportagens saíram em dezembro de 2017, e nós abrimos a empresa em 10 de janeiro de 2018", lembra-se o empresário.

Delfino fundou a DaMinhaCor com dois sócios: Fernando Mattedi e Renê Guedes. O investimento inicial foi de 100 mil reais. A empresa opera como importadora e exportadora, não tem fábrica, e todos os

Oportunidades invisíveis

seus produtos vêm do exterior, principalmente da China, onde são confeccionados segundo especificações definidas pelos sócios.

No início, as toucas foram distribuídas para serem comercializadas em salões de beleza. Até que os sócios perceberam que aquele era um canal muito restrito. "Levamos seis meses para entender isso. Nosso público está nas academias, nas lojas de esporte e de varejo de vestuário em geral. Quando viramos a chave, começamos a vender."

Também jogou a favor da marca uma tendência em ascensão entre os consumidores negros no Brasil: valorização dos cabelos crespos e cacheados como forma de afirmação de identidade, deixando de lado alisadores, "chapinhas" e similares. Uma mudança de comportamento que se propaga principalmente entre os negros mais jovens.

"Nós não estamos só vendendo um produto, estamos dando acesso para as pessoas. Recebemos cartas, e-mails emocionados de pessoas relatando que queriam fazer natação, hidroginástica, e não podiam. Era 'uma coisa proibida' para elas", relata Delfino. "Estamos mexendo com um negócio poderoso."

De acordo com o Swim Channel, canal especializado em natação, há no Brasil cerca de 10 milhões de pessoas que praticam o esporte aquático[33]. Como não são comuns espaços públicos para a prática desses esportes, essas atividades geralmente são pagas, o que restringe o número de praticantes. Por isso, Delfino estima em cerca de 2 milhões de pessoas o público para os produtos de sua marca. "É um mercado muito difícil, porque a população negra quase não tem acesso a piscina", admite.

Além das toucas, a DaMinhaCor passou a comercializar maiôs e sungas. São itens que não constavam no planejamento inicial da empresa, e foram incluídos depois que os sócios perceberam que poderiam agregar vendas à marca. "São maiôs étnicos, de cor única e feitos com base em pesquisa com mulheres negras. Se o negócio evoluir, podemos lançar adiante toalhas étnicas e óculos de nadar com nossa marca", diz.

A DaMinhaCor não tem lojas próprias. Seus produtos são vendidos em seu site na web, nas academias e também nas seções de itens esportivos de grandes varejistas, como Centauro, Americanas,

---

33 Disponível em: <https://swimchannel.net/wp-content/uploads/2018/02/NOVO-MEDIA-KIT_26.02.2018 -LOW.pdf>. Acesso em: 21 ago. 2019.

Magazine Luiza, Amazon, Netshoes, além de lojas colaborativas. Os principais mercados da marca são Salvador, Rio de Janeiro e São Paulo. "Nunca passou pela minha cabeça ter loja física, até porque só a venda da touca não justificaria a manutenção da operação."

Diversificando para elevar vendas

Em maio de 2019, a empresa entrou no segmento de beleza com o lançamento dos primeiros itens de sua linha: base líquida e pó compacto para pessoas de pele negra, a Nubia.Afri by DaMinhaCor. "Sabemos que a mulher negra tem características específicas, e vamos respeitar isso", diz o empresário.

Também para a linha de beleza, a DaMinhaCor foi buscar os produtos fora do país. As embalagens foram desenhadas e encomendadas junto a fornecedores chineses, e os produtos desenvolvidos inspirados em fabricantes da Polônia, onde há indústrias que melhor produzem as tonalidades próprias para a pele negra, diz o empresário, reconhecendo haver certa ironia nesse fato, uma vez que a população negra naquele país "é quase zero".

Isso demonstra também, na sua visão, como o Brasil perde oportunidades por não olhar mais atentamente o potencial de demanda das mais de 100 milhões de pessoas que se declaram pretas e pardas (afrodescendentes).

Para a sua distribuição, a empresa ainda testa quais são os canais de venda mais eficientes, como farmácias, lojas de cosméticos ou mesmo representantes de vendas diretas. "Agora, temos que ver qual o canal em que haverá maior interesse pelos nossos produtos. Tudo isso vamos aprender agora."

Diferentemente das toucas, no segmento de cosméticos para pele negra já há no mercado empresas disputando consumidores com produtos similares, além das grandes marcas, que lançam produtos sazonais para esse nicho. "Brigar nesse segmento é mais difícil, não é simples. Tento ser inovador com embalagens mais sofisticadas, mas esse é um ambiente mais competitivo", reconhece o empresário.

Oportunidades invisíveis

Compromisso com a identidade negra

A empresa quer aumentar seu mix de produtos de beleza aproveitando os nichos que as grandes marcas não atendem, diz Delfino, porque ainda olham o "segmento afro" como sendo de consumidores sem poder de compra, apesar de a comunidade negra movimentar 1,7 trilhão de reais, segundo dados do Instituto Locomotiva[34].

Ele justifica a opção por importar também os produtos de sua linha de beleza, argumentando que a marca (*branding*), hoje, é mais importante do que a produção em si. "Eu não preciso montar uma fábrica para fazer estojo de maquiagem. No mundo, todas as fábricas, de uma maneira geral, têm capacidade produtiva ociosa, ninguém está trabalhando no limite. Então, posso procurar o melhor fornecedor para atender minha demanda."

Nos tempos em que trabalhava no mundo corporativo, o empresário conta que costumava questionar o conhecimento dos colegas – "geralmente brancos, de classe média" – sobre a realidade na periferia, por entender que eles tinham uma visão equivocada sobre esse público. "Eu sou de lá", diz o administrador, reconhecendo que sua trajetória nas empresas em que trabalhou era uma exceção num país tão segregado como o Brasil.

Ser negro, de origem modesta e conhecer o mundo dos negócios, entretanto, foram diferenciais que o levaram a inovar num mercado tão competitivo como é o de produtos esportivos. Além disso, ter uma visão mais global sobre as políticas de diversidade das empresas, saber que em países como Estados Unidos, França e Austrália é comum a oferta de produtos de segmentação étnica, foi a chave para a formatação do seu negócio.

Mesmo tendo pela frente todos os desafios e riscos inerentes aos mercados competitivos em que atua, a DaMinhaCor já deixou lições, orgulha-se Delfino. "Eu sou um sonhador, me preparei para esse momento da minha vida. A menina que ganhou aquelas duas medalhas de natação (Sofia), eu considero a maior conquista da DaMinhaCor. É o maior troféu que recebi até hoje."

---

34 Disponível em: <http://blogs.correiobraziliense.com.br/servidor/populacao-negra-movimenta-r-17-trilhao-no-brasil-revela-pesquisa-do-instituto-locomotiva>. Acesso em: 21 ago. 2019.

A DIVERSIDADE É OURO

O tema da diversidade finalmente começa a entrar na agenda das empresas brasileiras. Mesmo que ocorra com significativo atraso em relação a outras grandes democracias multiculturais, o debate sobre a inclusão de grupos sociais historicamente excluídos vem, aos poucos, ocupando espaço entre as questões a serem enfrentadas no universo das corporações.

Na publicidade, já é possível notar uma notável preocupação com a representação nos anúncios dos diferentes grupos populacionais, seja por suas características étnicas, de gênero ou demais identidades. Também é possível encontrar hoje no Brasil empresas com políticas destinadas a incorporar um público mais diverso aos seus quadros de pessoal.

Porém, a herança de séculos de colonização e escravidão, do racismo institucional e de uma cultura machista e homofóbica faz do Brasil um dos países mais desiguais do mundo. Portanto, buscar equidade exige um esforço muito maior e com mais ações efetivas para eliminar o fosso que segrega grande parte dos brasileiros do acesso ao mercado de trabalho e ao mundo dos negócios.

Não é preciso ir longe para comprovar essa realidade, basta fazer o "teste do pescoço"[1]: olhe à sua volta e veja o fenótipo do público que frequenta boas escolas, hotéis de luxo, restaurantes de classe média e voos internacionais partindo do Brasil. O quadro ainda é assustador, e já foi bem pior.

O fato é que estamos longe da condição de igualdade de oportunidades, um dos princípios que caracterizam as sociedades consideradas socialmente mais justas. Um quadro desafiador, que para ser mudado exige ações integradas entre a sociedade civil, as universidades, o poder público, a mídia e o mundo corporativo.

---

1 Disponível em: <https://www.geledes.org.br/existe-racismo-brasil-faca-o-teste-pescoco-e-descubra>. Acesso em: 21 ago. 2019.

Oportunidades invisíveis

Entre os fatores que contribuem para a baixa representação de afro-brasileiros, assim como de mulheres e LGBTI+, nos quadros de pessoal das empresas está a noção equivocada do mercado em relação aos segmentos socialmente excluídos, que geralmente são olhados apenas pela lente do assistencialismo.

O Brasil não é exatamente um país pobre. Mesmo com a crise econômica iniciada em meados de 2014, que resultou em uma forte retração nos negócios e elevou o desemprego a níveis recordes, o país ainda figura entre as dez maiores economias do mundo[2]. Algo surpreendente para uma economia cujo ambiente de negócios é hostil ao empreendedorismo – e ainda menos favorável aos empreendimentos de segmentos historicamente discriminados.

Imagine se houvesse no Brasil mais inclusão, um esforço institucional em favor da diversidade e investimentos direcionados à educação e à formação daqueles que mais precisam. Certamente estaríamos mais bem posicionados no ranking das maiores economias globais (disputando os três primeiros lugares com os Estados Unidos e a China), exibindo indicadores sociais menos constrangedores – como a forte concentração de renda, que faz com que os 20,7 milhões de brasileiros mais ricos (cerca de 10% da população) tenham rendimentos mais de três vezes maior que a dos 82,8 milhões (40% dos brasileiros) que estão na base da pirâmide[3].

O debate sobre diversidade e inclusão social está em uma etapa mais avançada nas democracias multiculturais com mais diálogos sobre a importância da equidade, em países como Canadá, Inglaterra, Estados Unidos e África do Sul. Nesses países, as grandes empresas entenderam já há tempos (em alguns casos) que a diversidade é um fator agregador e que gera tão requisitada inovação. Compreenderam também que, como empreendedores, precisam refletir a multiplicidade

---

2 Disponível em: <https://brasil.elpais.com/brasil/2018/10/10/economia/153 9180659_703785.html>. Acesso em: 21 ago. 2019.

3 Disponível em: <https://economia.estadao.com.br/noticias/geral,concentracao-de-renda-no-brasil-cresceu-de-2016-para-2017,70002634042>. Acesso em: 21 ago. 2019.

dos consumidores para os quais vendem seus produtos e serviços e não se limitarem apenas a um segmento da sociedade.

Mesmo com a ascensão no mundo, de uns anos para cá, do discurso de ódio, da xenofobia, da LGBTfobia e de conflitos raciais, ainda é possível perceber que a diversidade é bastante valorizada por grandes corporações estrangeiras, bem mais do que se vê no Brasil. Os números ainda precisam melhorar, mesmo globalmente, lembram ativistas e pesquisadores, mas no Brasil esse chamado é ainda mais urgente. As políticas de ações afirmativas e de diversidade precisam ser incorporadas à realidade das empresas nacionais para o bem de uma economia que precisa ser mais competitiva, em um mundo cada vez mais diverso e de mudanças sociais e tecnológicas rápidas e disruptivas.

A importância da inclusão

"Ser inclusivo é uma oportunidade", ensina o publicitário Ronaldo Tenório, fundador da Hand Talk, empresa de softwares que traduz textos e áudios em Libras para surdos, cuja história é contada neste livro. Para Tenório, desenvolver produtos e serviços voltados a atender às necessidades de pessoas diversas é inovar, na medida em que isso implica em inclusão social.

O empresário Leizer Vaz, criador da *startup* Comunidade Empodera, plataforma de recrutamento de jovens para multinacionais, lembra que além de tudo é a "diversidade de pensamento" que inspira a inovação[4]. Ou seja, ao trazerem para a estratégia das empresas mais pessoas com histórias de vida diferentes, as empresas podem entender melhor seu público cada vez mais diverso.

E não é por acaso que muitas empresas globais estão criando departamentos de Diversidade e Inclusão e promovendo esse conceito em várias áreas. Entrevistei para este livro Annie Jean-Baptiste, Head of Product Inclusion (algo como "Chefe de Inclusão em

---

4 Disponível em: <https://www.gazetaonline.com.br/bem_estar_e_saude/2018/12/se-eu-tive-conquistas-tenho-o-dever-de-devolver-isso-a-sociedade-1014160959.html>. Acesso em: 21 ago. 2019.

Produtos") no Google, que me relatou que entende a diversidade como peça fundamental para a inovação. "Pessoalmente, eu acredito que a diversidade fomenta a inovação e não apenas a 'ajuda'. Possuir diversidade de conhecimentos e experiências é crucial na construção de conhecimento para usuários de produtos atuais e futuros."

Annie, cuja missão no Google ela descreve como "garantir que nossos produtos sejam inclusivos para todos", de acordo com o que disse em 2018 para a revista *Essence Magazine*[5], ajuda as equipes da empresa a incorporarem essas práticas de diversidade em seus planejamentos de negócios. Ela lembra que "equipes mais diversas constroem soluções não apenas para grupos sub-representados, mas também para populações majoritárias", por isso eles têm "Googlers" (colaboradores que trabalham para o Google*) de todas as "origens, idades, raças, habilidades, gêneros, status socioeconômicos, orientação sexual, religião e muito mais características para garantir que as nossas equipes de produtos em Pesquisa e Desenvolvimento (P&D*) continuem fazendo pesquisas e testes mais inclusivos para todos os usuários.

Ednilson Sacramento, jornalista baiano que é autor de um guia[6] para jornalistas e comunicadores com recomendações sobre como abordar a deficiência em entrevistas e reportagens, chama a atenção para a importância da representatividade também em campanhas publicitárias. "Uma empresa que está fazendo uma campanha de turismo deve considerar, por exemplo, também como público a pessoa com deficiência, porque a pessoa com deficiência também faz turismo."

---

5 Disponível em: <https://www.essence.com lifestyle/money-career/annie-jean-baptiste-google-diversity-careers-interview>. Acesso em: 21 ago. 2019.

6 "Pauta eficiente: como abordar a deficiência numa entrevista" é o título do guia, fruto de um TCC elaborado pelo jornalista Ednilson Sacramento destinado a veículos e profissionais de imprensa com informações sobre acessibilidade, inclusão e uso correto das terminologias relacionadas às pessoas com deficiência.

* NT = Nota/Anotação da Tradução para contextualizar melhor para o idioma português.

Deficiente visual, Sacramento lembra que a inclusão deve começar dentro do ambiente das empresas e, da mesma forma, ser considerada nos processos de desenvolvimento de produtos, como bem descreveu Annie Jean-Baptiste no relato acima. Quanto aos produtos desenvolvidos especificamente para pessoas com deficiência, ele ressalta que há muitas oportunidades para aliar a tecnologia às soluções de acessibilidade, de modo a reduzir custos e popularizar o uso de itens como as bengalas com sensores e os móveis projetados para pessoas com mobilidade reduzida. Ou mesmo as cadeiras de rodas que possibilitam maior autonomia ao usuário – como fez a *startup* Kitlivre, que desenvolveu um sistema que permite transformar cadeiras de rodas em triciclos elétricos motorizados.

Olhando para outro grupo populacional importante, o das pessoas com mais de 60 anos, que tende a crescer no futuro, observa-se também que há muito a ser feito, como alerta Layla Vallias, da consultoria Hype 60+, empresa residente no coworking de impacto social Ci-vico, com quem também conversei para esta obra. Ela conta: "O mercado brasileiro pouco inova nessa área e não está preparado para essa mudança demográfica radical. Isso é fruto do velho preconceito e do estereótipo", diz. Esse grupo populacional, ela lembra, está consumindo mais coisas e com uma frequência que não se imaginava há alguns anos, como viagens, ensino de idiomas, roupas e conteúdos diversos.

Por seu relevante potencial de consumo, esse contingente passou a integrar a chamada "Economia Prateada"[7], termo cunhado pela Oxford Economics e que leva em conta a capacidade de gastos das pessoas com mais de 50 anos no mundo. Já existem hoje *devices,* como *tablets,* com visor e letras ampliadas para facilitar a leitura, como o Grandpad, desenvolvido pela fabricante Acer; e robôs-assistentes virtuais que interagem usando inteligência artificial, emitindo lembretes sobre medicamentos usados regularmente ou sugerindo a

---

7 Disponível em: <https://ec.europa.eu/digital-single-market/en/news/silver-economy-study-how-stimulate-economy-hundreds-millions-euros-year>. Acesso em: 21 ago. 2019.

prática de exercício físico, como faz o ElliQ, um "robô social" criado em Israel. São equipamentos projetados para auxiliar e proporcionar maior autonomia a pessoas do chamado grupo "60+".

Incorporar a diversidade, também como um valor em ações de recrutamento, seleção e contratação, é um caminho para tornar as empresas mais inclusivas e, consequentemente, mais produtivas e competitivas, como já foi dito aqui.

Negócios como a EmpregueAfro, *case* deste livro, que promove ambientes de trabalho mais plurais e inovadores para afrodescendentes, e o TransEmpregos, criado em 2013, sendo o "mais antigo projeto de empregabilidade para pessoas transgênero no Brasil e que possui o maior banco de dados e currículos desse segmento dentro do país[8]", conforme relata seu site institucional, são fundamentais.

Muito além da propaganda

Tratar da diversidade não significa apenas falar de igualdade e inclusão na publicidade, como muitos executivos pensam. Tom Burrell, o mago da publicidade negra nos Estados Unidos, tem uma frase famosa sobre essa questão: "As pessoas negras não são pessoas brancas de pele escura"[9]. A afirmação, feita há alguns anos, criticava justamente o uso da diversidade apenas para fins publicitários.

O que o criador de uma das maiores agências de publicidade negra da história dos Estados Unidos, a Burrell Communications, quis dizer é que as pessoas de origem africana, por exemplo, têm visões de mundo, códigos culturais e comportamentos que precisam ser considerados nas estratégias das empresas, e que isso pode ajudá-las a crescer atendendo a uma fatia maior de mercado. Com essa tese, a Burrell Communications e outras instituições conseguiram convencer grandes marcas a mudar seu olhar sobre os afrodescendentes.

---

8 Disponível em: <http://www.transempregos.com.br>. Acesso em: 21 ago. 2019.
9 Disponível em: <https://www.npr.org/2015/06/15/414561593/how-an-african-american-ad-man-changed-the-face-of-advertising>. Acesso em: 21 ago. 2019.

Seguindo a lógica do "aposte na diversidade e inove mais", grandes corporações nos Estados Unidos passaram a investir em profissionais e empreendedores de grupos minoritários e em países emergentes. Não é por acaso que as gigantes de tecnologia têm investido tanto no fomento a ecossistemas de negócios fora do Vale do Silício, reconhecendo inclusive seus baixos índices de diversidade racial (sobretudo de negros estadunidenses)[10].

O Vale do Silício não seria o poderoso polo de inovação que é sem a valiosa migração de indianos e chineses, além de africanos e latinos, para as empresas ali sediadas. Tanto que o CEO da maior companhia de tecnologia do mundo, a Google, é Sundar Pichai, um jovem de origem indiana. Na Microsoft também: o CEO, Satya Nadella, é indiano. Steve Jobs era descendente de um refugiado da Síria[11]. Apesar disso, os números da inclusão negra no Vale do Silício ainda são bastante limitados. As empresas são alvo de denúncias constantes e reclamações sistemáticas de ativistas.

Ações afirmativas

É preciso lembrar que a base da inclusão de grupos diversos nos Estados Unidos vem do conceito de ações afirmativas, dos anos 1970, resumida no artigo da *Harvard Business Review* "From affirmative action to affirming diversity"[12], de R. Roosevelt Thomas Jr. (1944-2013), considerado por muitos como o criador do conceito de "diversidade", com as seguintes premissas:

1. Homens adultos, brancos, constituem algo chamado de "*mainstream* dos negócios" nos Estados Unidos.

2. A economia dos Estados Unidos é uma instituição sólida e imutável, com espaço mais que suficiente para todos.

---

10 Disponível em: <https://economia.uol.com.br/noticias/bloomberg/2019/07/10/facebook-quer-dobrar-numero-de-funcionarias-negras-em-5-anos.htm?cmpid=copiaecola>. Acesso em: 21 ago. 2019.
11 Disponível em: <https://www.macworld.co.ukfeature/apple/who-is-steve-jobs-syrian-immigrant-father-abdul-fattah-jandali-3624958>. Acesso em: 21 ago. 2019.
12 Disponível em: <https://hbr.org/1990/03/from-affirmative-action-to-affirming-diversity>. Acesso em: 21 ago. 2019.

Oportunidades invisíveis

3. As mulheres, os negros, os imigrantes e outras minorias devem ser incluídos por uma questão de política pública e decência comum.

4. O preconceito racial, étnico e sexual generalizado os afasta.

5. Coerção legal e social é necessária para trazer a mudança.

Roosevelt Thomas Jr., entretanto, argumentava que precisamos fazer a transição entre a coerção (ainda necessária) para a cultura da diversidade, na qual as empresas percebam que uma força de trabalho e uma comunicação diversa são na verdade muito boas para elas e, portanto, não deveriam ser encaradas como algo a se esforçar para cumprir. Essa mudança tem sido a base para outros programas inovadores além de ações afirmativas no recrutamento que ainda se mantêm ativas.

Ao conversarmos sobre culturas inclusivas no mundo corporativo, fala-se muito de tradicionais exemplos vindos de países como Estados Unidos e Inglaterra, mas não se pode deixar de mencionar o Canadá, que apesar da discrição que dispensa às suas ações, é uma referência na adoção de políticas de inclusão multicultural, atraindo imigrantes para suprir déficits populacionais em algumas regiões do país, e também de trabalhadores qualificados em algumas atividades[13].

O Canada Diversity Employee, por exemplo, é uma competição que, desde 2006, dá destaque às empresas do país que têm ações afirmativas de incentivo à diversidade. Há também o The Canadian and Aboriginal Supply Diversity Council (CAMSC)[14], que em menos de uma década já transferiu bilhões de dólares para negócios liderados por grupos minoritários, produzindo workshops, certificando empresas e abrindo canais de diálogo com grandes corporações canadenses.

---

13 Disponível em: <https://www.readersdigest.ca culture/why-canada-needs-more-immigrants-now>. Acesso em: 21 ago. 2019.
14 Disponível em: <https://www.camsc.ca/home>. Acesso em: 21 ago. 2019.

Novos mercados

As empresas globais de tecnologia sabem que precisam da diversidade. Em abril de 2019, a Google, que hoje integra o conglomerado Alphabet Inc., anunciou a criação de um laboratório de pesquisa sobre inteligência artificial sediado em Acra, capital de Gana[15]. A Microsoft também deve investir mais de 100 milhões de dólares em jovens talentos na área de TI, em cidades como Lagos, na Nigéria, e Nairóbi, no Quênia[16]. Ambos os movimentos são exemplos claros de estratégias de diversificação dos seus negócios. Espera-se que tais iniciativas produzam também inovações sociais e que ajudem a resolver problemas locais.

O Quênia, por exemplo, já é conhecido nos círculos internacionais de tecnologia por projetos inovadores, como o M-pesa, um dos primeiros serviços financeiros para celulares do mundo, desenvolvido também para ajudar na inclusão da população rural e sem acesso a serviços bancários do país[17]. Ecossistemas de inovação apoiados por gigantes da tecnologia estão "explodindo" em vários países emergentes, de onde sairão o próximo bilhão de usuários de internet[18].

Seria interessante ao Brasil também estabelecer uma maior integração, particularmente com o continente africano, que é uma das regiões do mundo que mais cresceram economicamente nos últimos anos[19], com seus polos de desenvolvimento como Joanesburgo (África do Sul), capital da mais dinâmica economia africana; Acra (Gana), um forte polo turístico; Nairóbi (Quênia) e Kigali (Ruanda), referências

---

15 Disponível em: <https://edition.cnn.com/2019/04/14/africa/google-ai-center-accra-intl/index.html>. Acesso em: 21 ago. 2019.

16 Disponível em: <https://www.reuters.com/article/us-africa-microsoft/microsoft-to-spend-100-million-on-kenya-nigeria-tech-development-hub-idUSKCN1SK1BT>. Acesso em: 21 ago. 2019.

17 Disponível em: <https://edition.cnn.com/2017/02/21/africa/mpesa-10th-anniversary/index.html>. Acesso em: 21 ago. 2019.

18 Disponível em: <http://www2.bain.com/story/next-billion-internet-users/index.html>. Acesso em: 21 ago. 2019.

19 Disponível em: <https://www.mckinsey.com/featured-insights/middle-east-and-africa/whats-driving-africas-growth>. Acesso em: 21 ago. 2019.

Oportunidades invisíveis

mundiais em tecnologias digitais e sustentabilidade; a Nigéria com seu pulsante mercado consumidor, onde surgiu, por exemplo, a IrokoTV – a "Netflix" africana, serviço de conteúdo *on demand* que está em milhares de lares pelo continente; e, claro, a Etiópia, um dos países que mais cresceram economicamente na última década[20], com sua belíssima metrópole Adis Abeba.

---

20 Disponível em: <https://www.nasdaq.com/article/the-5-fastest-growing-economies-in-the-world-cm1169784>. Acesso em: 21 ago. 2019.

David A. Wilson, cofundador do portal The Grio e sócio da Afar Ventures

11

INOVADORES INDEPENDENTES

É interessante notar que os empreendedores da diversidade geralmente conseguem enxergar oportunidades em mercados aparentemente invisíveis. O jovem afro-americano Tristan Walker é um exemplo desse tipo de visionário. Ele é o fundador de uma empresa de cosméticos para homens negros, a Bevel.

Depois de trabalhar em empresas do Vale do Silício e buscar alternativas de negócios fora da área de tecnologia, Walker descobriu de maneira empírica que homens negros tinham muita irritação de pele ao se barbear com aparelhos convencionais, e que eles estavam dispostos a pagar mais por um produto específico para seu tipo de pele. Assim surgiu a linha de barbeadores da Bevel, que lançou também cremes de barbear, além de produtos para mulheres, que fazem sucesso e já movimentaram milhões de dólares no mercado norte-americano. Recentemente, a P&G, gigante multinacional, fez uma oferta[35] e comprou sua empresa, a Walker & Company (dona da Bevel), por um valor não revelado[36], mas que certamente transformou Tristan Walker em mais um multimilionário afro-americano.

---

35 Disponível em: <https://news.pg.com/press-release/pg-corporate-announcements/walker-company-brands-joins-procter-gamble-family-brands>. Acesso em: 21 ago. 2019.
36 Disponível em: <https://www.vox.com/2018/12/12/18136744/walker-company-procter-gamble-acquisition-tristan-walker-bevel>. Acesso em: 21 ago. 2019.

Em entrevista à revista *Fast Company*, em novembro de 2014[37], Walker comentou como o aumento da população afro tem alterado o mundo dos negócios: "A mudança demográfica neste país [Estados Unidos] é a maior oportunidade econômica da minha vida". "Acho que algumas das maiores empresas que serão construídas nos próximos 50 anos terão isso em mente", acrescentou ele, que se tornou uma celebridade no mundo dos negócios no país e mudou-se para Atlanta para ajudar a fomentar a cena empreendedora negra[38].

A reportagem em questão também faz referência ao livro *The difference: how the power of diversity creates better groups, firms, schools, and societies* ("A diferença: como o poder da diversidade cria melhores grupos, firmas, escolas e sociedades", não publicado no Brasil), de Scott Page, professor da Universidade de Michigan que criou um modelo estatístico que mostra como a diversidade ajuda grupos empresariais a resolverem problemas.

Outro exemplo de iniciativa individual bem-sucedida é o da Sundial Brands, fabricante de produtos para pele e cabelos criada por um empreendedor de origem africana, que se transformou num estrondoso caso de sucesso do poder da diversidade nos negócios, como falamos na introdução deste livro. A trajetória empresarial do liberiano radicado nos Estados Unidos, Richelieu (Rich) Dennis, fundador da Sundial Brands, é exemplo da riqueza oculta em nichos da diversidade.

Desde o início, Dennis acreditou, junto com sua mãe, no potencial de mercado do público afro-americano, investindo em matérias-primas originais da África, sempre primando pela qualidade. Ele diversificou suas linhas de produtos e criou marcas que se transformaram em grifes no mercado de cosméticos. Em 2017, seu faturamento chegou a centenas de milhões de dólares.

Nada mau para um negócio quase caseiro e familiar, que nasceu no Queens, um bairro de Nova York, e cujos primeiros produtos foram inspirados em fórmulas ancestrais passadas pela avó à mãe de Dennis. Mesmo depois de vender a empresa para a Unilever, por um valor

---

37 Disponível em: <https://www.fastcompany.com/3037933/the-visible-man>. Acesso em: 21 ago. 2019.
38 Disponível em: <https://www.fastcompany.com/90378268/atlantas-black-tech-founders-are-changing-entrepreneurship-in-america-can-they-avoid-silicon-valleys-mistakes>. Acesso em: 21 ago. 2019.

Oportunidades invisíveis

estimado pela revista *Forbes* em 1,6 bilhão de dólares[39], o empresário foi mantido à frente da operação, que se tornou uma divisão de negócios da gigante multinacional.

Dennis, entretanto, não parou de pensar em negócios inclusivos. Depois da venda da Sundial Brands, ele resolveu comprar a revista *Essence Magazine*, que pertencia à Time Inc., e criar um fundo de 100 milhões de dólares para apoiar mulheres negras empreendedoras, junto com a Unilever, o New Voices Fund[40].

"A Sundial construiu marcas premium diferenciadas e em tendências que atendem a consumidores multiculturais e *millennials* que melhoram nosso portfólio", resumiu Kees Kruythoff, presidente da Unilever na América do Norte, ao anunciar a compra da empresa Sundial Brands[41].

Outro empreendimento que reflete o poder da diversidade é a cerveja Soweto Gold, da África do Sul. A saga do engenheiro químico negro Ndumiso Madlala para criar, junto com um sócio, uma cerveja "que refletisse o espírito de Soweto", sua coragem e pioneirismo resultaram em uma marca de prestígio, que rapidamente ganhou espaço em bares da comunidade, e também em zonas não negras de Joanesburgo.

Apesar de bem-sucedidos no segmento de cervejas artesanais, os sócios acabaram se convencendo de que a marca só iria se popularizar com um empurrão extra. Assim, em 2017, eles venderam a Soweto Gold – numa transação cujo valor não foi divulgado – para a gigante holandesa Heineken.

Com o negócio, a Heineken incorporou uma marca que lhe dava legitimidade para concorrer em condições de igualdade com as grandes cervejarias no mercado sul-africano, e que também era forte para atrair consumidores em outros países. "Born in Soweto, brewed for all" ("Nascida em Soweto, feita para todos") tornou-se o slogan da marca, que continua tendo seu fundador à frente da empresa.

---

39 Disponível em: <https://www.forbes.com/sites/maddieberg/2018/09/21/these-black-entrepreneurs-went-from-selling-soap-on-harlem-streets-to-a-850-million-fortune>. Acesso em: 21 ago. 2019.

40 Disponível em: <https://chicago.suntimes.com/2018/7/18/18361592/new-100m-fund-created-to-invest-in-minority-entrepreneurs>. Acesso em: 21 ago. 2019.

41 Disponível em: <https://www.huffpostbrasil.com/entry/unilever-acquires-sundial-brands-shea-moistures-parent-company_n_5a1d872be4b071403b294f6e>. Acesso em: 21 ago. 2019.

Na área de mídia e tecnologia, há outros casos como a trajetória de David A. Wilson, que, depois de produzir um documentário sobre a história de sua família, criou, em parceria com a rede de TV NBCUniversal, o portal The Grio, que se transformou no maior canal on-line da comunidade afro-americana da história. Wilson, em 2017, vendeu o site para o grande empresário afro-americano Byron Allen, dono da Entertainment Studios LLC, que possui dezenas de canais de TV nos Estados Unidos, dentre eles o The Weather Channel, um dos mais famosos canais do tempo[42].

Em artigo na edição de dezembro de 2017 da revista *Época Negócios*, Wilson foi incisivo ao falar sobre o potencial criativo desperdiçado no Brasil em razão da baixa diversidade da mídia no país. "Quando ignora os empreendedores negros, o Brasil abre mão de uma geração de talentos geniais que não está em busca de esmolas, mas quer fazer parte das soluções para as questões econômicas e sociais do país." Wilson, que morou por dois anos na Bahia, vê um grande potencial para a criação de produtos e serviços exclusivos aos mais de 100 milhões de não brancos que vivem no país.

A lista de empreendedores que descobriram na diversidade oportunidades de negócios é grande. Pode-se citar também o número enorme de produtores de audiovisual, como Shonda Rhimes, Issa Rae, Tyler Perry e Ava DuVernay, que estão produzindo conteúdos (séries e documentários) muito bem avaliados em canais de TV e nas plataformas de *streaming*, como *Scandal* (Netflix), *Insecure* (HBO), *The Haves and the Have Nots* (Oprah Winfrey Network) e *Olhos que condenam* (Netflix), respectivamente; ou os jovens negros sócios da Harlem Capital, firma de investimentos que segue os passos de grandes financistas, como John W. Rogers Jr., da Ariel Investments, e de Robert Smith – dono da Vista Equity Partners e hoje o negro mais rico dos Estados Unidos, com fortuna de mais de 5 bilhões de dólares, segundo a revista *Forbes*[43].

Há também negócios alavancados pelas redes sociais, como Kumi Rauf, fundador da empresa I Love Being Black ("Eu amo ser negra/o"), que começou como uma pequena marca de camisetas na faculdade em

---

42 Disponível em: <https://www.theroot.com/byron-allen-s-entertainment-studios-buys-thegrio-1790855664>. Acesso em: 21 ago. 2019.

43 Disponível em: <https://www.forbes.com/profile/robert-f-smith/#34bff7272236>. Acesso em: 21 ago. 2019.

Oportunidades invisíveis

que estudava na Califórnia e hoje é uma das mais acessadas páginas do Facebook sobre temas relativos aos negros – são mais de 6 milhões de seguidores, vendendo serviços de turismo e produtos, como roupas e acessórios a diversos países africanos e outros da diáspora.

Além disso, há também o Afropunk, que surge a partir de um documentário sobre negros que curtem rock e tornou-se um movimento global, e uma plataforma que tem festivais em cidades como Nova York, Atlanta, Londres, Paris e Joanesburgo (e em breve no Brasil), tornando-se uma das mais importantes marcas para os "afro-millennials", essa geração nascida entre o início dos anos 1980 e que criou sua identidade racial por meio da internet e de referências musicais.

Em comum, esses empreendedores que criam disrupção por meio da diversidade têm a ambição de acumular recursos para, de alguma forma, ajudar suas comunidades de origem, como já citamos neste livro.

Chamando a atenção do mercado

É uma boa notícia o fato de que as empresas estão cada vez mais atentas a esse movimento pró-diversidade. Entre as grandes corporações globais, a maior parte já trabalha com estratégias para mercados com públicos diversos. E é importante notar que essas ações pró-diversidade não são encaradas por essas empresas como "caridade", mas sim como um elemento estruturante dos seus negócios. Os executivos no Brasil precisam se espelhar nesse modelo.

Nos Estados Unidos, há inclusive uma agência governamental responsável por esse tipo de política, focando na cadeia produtiva das empresas, o National Minority Supplier Development Council, um conselho que certifica empresas gerenciadas por mulheres, negros e integrantes de outros grupos minoritários.

Já na África do Sul, uma das principais ações governamentais no pós-*apartheid* foi a criação do Black Economic Empowerment (BEE), em português algo como "Empoderamento Econômico Negro", uma importante legislação que estabelece uma série de incentivos para empresas que têm sócios majoritários negros ou que possuam políticas de diversidade na formação de seus quadros de funcionários. Há vantagens também para as empresas que têm fornecedores ou prestadores de serviços negros em suas cadeias produtivas.

Nada mais justo, considerando tratar-se de recursos públicos, oriundos do pagamento de impostos, recolhidos pela população sul-africana, que é majoritariamente composta de negros. Esse tipo de projeto, contudo, precisa ser permanentemente ajustado (como qualquer política pública) para assegurar o maior alcance possível de seus benefícios e o combate a fraudes.

Tanto é assim que, recentemente, depois de algumas críticas em relação à abrangência do programa governamental sul-africano, especialmente nas áreas mais pobres do país, a legislação foi ampliada e ficou ainda mais completa, buscando incluir populações de zonas rurais e incorporando modelos mais sustentáveis por meio da organização de cooperativas. O resultado é que, para fazer negócios hoje na África do Sul, grandes corporações, investidores e mesmo pequenos empreendedores precisam comprovar que estão sintonizados com a agenda da equidade, um passo essencial para o país superar o passado cruel deixado pelo regime do *apartheid*.

Em todo o mundo, grandes multinacionais dos setores de alimentos, beleza, automóveis, bancário e, mais recentemente, de tecnologia já há algum tempo estão empenhadas em investir em treinamento e formação profissional de grupos minoritários, além de adotar políticas explícitas para a compra de bens ou serviços de empresas diversas, por meio de programas para tornar mais variadas suas cadeias produtivas. Se já eram reconhecidas, essas questões hoje se tornaram ainda mais relevantes.

Voltando aos Estados Unidos, entre as iniciativas de estímulo ao empreendedorismo, destaca-se o Small Business Administration (SBA), órgão com atribuições semelhantes às do Sebrae (Serviço Brasileiro de Apoio às Micro e Pequenas Empresas), que atua não apenas oferecendo treinamento e capacitação, mas também como fundo garantidor para empréstimos em instituições financeiras tomados por empreendimentos criados e dirigidos por afrodescendentes e mulheres[44].

A lógica por trás desse aval está no fato de que esses empreendedores geralmente atuam em nichos de mercado ainda não percebidos por

---

44 Disponível em: <https://www.blackenterprise.com/black-women-business-owners-sba>. Acesso em: 21 ago. 2019.

empreendedores tradicionais, grandes empresas e pelos bancos. Embora muitos dos chamados "negócios da diversidade", vale lembrar, tenham alto impacto social e capacidade de escala.

Casos de marcas como a FUBU (precursora da moda *streetwear)*, empresa que começou a vender nos guetos de Nova York e faturou milhões de dólares, e a Black Entertainment Television (BET), primeira TV negra dos Estados Unidos, fundada com apenas 500 mil dólares e que anos depois foi comprada pelo conglomerado de mídia Viacom por mais de 2 bilhões de dólares[45], provam que apostar em diversidade pode ser também bastante lucrativo.

Outra iniciativa que combinou inovação e diversidade foi a criação do boné da marca Ivy Park, da cantora Beyoncé, desenhado para atender a uma demanda das mulheres negras, em um formato que coubesse em suas cabeças. Com a tendência de uso dos cabelos naturais, lá chamados de "afro" e aqui *black power,* as norte-americanas de cabelos crespos e volumosos, e, sobretudo, que usam tranças e *dreadlocks*, tinham dificuldade de achar um boné que lhes servisse. Por isso, quando a Ivy Park chegou ao mercado com sua coleção, passou à frente de grandes grifes que produzem moda.

A marca Fenty Beauty, da também cantora Rihanna, que foi escolhida pela revista *Time* como uma das melhores criações de 2017, é outro caso que ilustra bem essa tendência. Trata-se de uma linha de maquiagem que contempla diferentes tons de pele. O título da matéria publicada pela revista *Time* fala por si só sobre a inovação que a artista nascida em Barbados, no Caribe, trouxe ao mercado: *"I'm going to push the boundaries in this industry"* ("Eu vou empurrar as fronteiras dessa indústria").

O portal brasileiro Mundo Negro também repercutiu esse fato: "Rihanna, como negra, entende a complexidade de achar maquiagens para quem está fora do perfil 'eurocentrado'. Mas, em vez de fazer uma maquiagem só para negras, ela criou uma paleta de cores que engloba todas: negras, brancas, asiáticas e até albinas[46]".

---

45 Disponível em: <https://money.cnn.com/2000/11/03/deals/viacom>. Acesso em: 21 ago. 2019.
46 https://mundonegro.inf.br/revista-time-elege-marca-de-rihanna-como-uma-das-melhores-invencoes-de-2017/

Diversidade e inovação

A conexão entre inovação e diversidade é analisada em detalhes no livro de Alexa Clay e Kyra Maya Phillips. Na obra *A economia dos desajustados: alternativas informais para um mundo em crise*, as autoras listam casos de empreendedores inovadores que conseguiram pensar em soluções que estavam fora do campo de visão da tríade "homem-branco-de-negócios". Mostram que há pessoas "fora da caixa", que desafiam o *status quo* tendo ideias com as quais todos nós devíamos aprender.

Qualquer gestor ou gestora de empresa com um mínimo de visão estratégica, não pode deixar de se perguntar se o produto ou serviço que oferece está atendendo todos os públicos de maneira justa e diversa. Até hoje, no Brasil, alguns produtos, como protetor solar, meia-calça, maquiagens e curativos, não contemplam todas as tonalidades de pele dos brasileiros.

Esse problema decorre justamente do fato de os fabricantes e suas agências de publicidade não terem incorporado em suas políticas de pessoas e produtos os princípios da diversidade. Seus dirigentes e executivos estão distantes da realidade das ruas, e imaginam serem inovadores. Na verdade, têm a criatividade limitada por estarem em suas "torres de marfim" corporativas.

Em relação à participação e ao potencial da comunidade negra na economia brasileira, as agências de publicidade em sua maioria parecem ignorar dados bem eloquentes nesse sentido, como os apresentados pelo Instituto Locomotiva, a partir da Pesquisa Nacional por Amostra de Domicílios (PNAD) de 2017: a população negra movimenta 1,7 trilhão de reais por ano no Brasil. Além disso, os 14 milhões de empreendedores negros do país movimentam aproximadamente R$ 359 bilhões em renda própria anualmente, e o dado mais gritante: apenas 6% dos negros e negras entrevistados pelo instituto se sentem representados pela publicidade televisiva[47].

Um pequeno esforço de olhar para fora já lhes revelaria como pulsam iniciativas e soluções que consideram a diversidade, mesmo que essas iniciativas ainda enfrentem o desafio da sustentabilidade. A Diaspora.Black, por exemplo, outro *case* abordado neste livro, aproxima viajantes e

---

47 Disponível em: <https://www.ilocomotiva.com.br>. Acesso em: 21 ago. 2019.

anfitriões, construindo pontes de pertencimento, coletividade e identidade mundo afora. E faz isso por meio de uma plataforma que potencializa experiências centradas no fortalecimento da cultura negra. Da mesma forma a Viajay, também já apresentada aqui, alerta para o reconhecimento da comunidade LGBTI+ como um segmento de consumo, com demandas crescentes por serviços direcionados às suas necessidades.

Falta agora o poder público e as empresas abrirem portas e incentivarem o crescimento de iniciativas como essas, rediscutirem e reverem a burocracia que os pequenos precisam enfrentar para criar seus negócios e o acesso ao crédito, uma das maiores barreiras para as pequenas e médias empresas, que representam 99%[48] das empresas do Brasil!

Criatividade brasileira

No Brasil, a exemplo de outros países em desenvolvimento, a criatividade é uma espécie de commodity. Cidades como Salvador, Rio de Janeiro, Recife, Belém e São Luís poderiam ser grandes polos globais da *orange economy*, denominação com a qual o relatório do Banco Interamericano de Desenvolvimento (BID) e o Instituto para o Futuro classificam o universo da economia criativa[49], em complemento à economia verde da pauta ambiental.

Em todo o território brasileiro existem empreendedores criando inovações para suprir demandas de mercado "esquecidas" pelas grandes corporações. Mas a maioria das empresas, e também dos investidores, ainda olha para as comunidades e grupos culturais minoritários sem a devida atenção.

Parece absurdo, mas em um país como o Brasil, onde a diversidade ainda é encarada como um fardo, as empresas perdem a oportunidade de atender esses públicos que crescem cada vez mais. Estudo do Google BrandLab, já citado anteriormente no capítulo sobre a Makeda Cosméticos, que mostra o impressionante aumento do interesse por produtos relacionados a cabelos crespos e cacheados, reforça essa percepção de falta de visão dos gestores públicos e investidores.

---

48 Disponível em: <http://www.sempe.mdic.gov.br/index.php/institucional>. Acesso em: 21 ago. 2019.
49 Disponível em: <https://digital-iadb.lpages.co/futura-da-economia-laranja-obrigado>. Acesso em: 21 ago. 2019.

Os empreendimentos aqui apresentados são emblemáticos ao mostrar a revolução silenciosa que ocorre no Brasil, embalada pela combinação de inovação e diversidade. São empresas que, além de suprir demandas de mercado negligenciadas, cumprem o papel de gerar renda em um cenário de crises econômicas cíclicas, redução das políticas públicas para os segmentos mais empobrecidos e de queda no financiamento de projetos sociais. São projetos com potencial de escala e que geram impacto social.

O estrategista americano Mark J. Penn, em seu livro *Microtendências: as pequenas forças por trás do amanhã,* observa que determinados comportamentos, às vezes restritos a apenas 1% da população, têm capacidade de influenciar toda a sociedade.

Se nos anos 1980-1990 alguém chegasse com um plano de negócios para criar uma cadeia de salões de beleza para cabelos crespos, e dissesse que esse negócio tinha potencial, certamente nenhum investidor iria acreditar. Porém, quem se antecipou e percebeu que as mulheres negras tendiam a não querer mais alisar o cabelo, colheu ótimos resultados econômicos, como a empresa Beleza Natural, que já chegou a faturar 150 milhões por ano com esse mercado[50].

Movido por uma visão diferenciada, o produtor e diretor Kondzilla, codinome do paulista Konrad Dantas, criou uma grande empresa na área de música e audiovisual, investindo na produção de clipes de artistas ignorados pelas grandes gravadoras, por causa do seu estilo musical, o funk. Ele tem hoje um dos mais demandados canais no YouTube (com 50 milhões de inscritos e é o maior canal de música do mundo[51]) e acaba de lançar a série *Sintonia,* com a Netflix, exibida em 190 países.

A existência de mercados ocultos, que passam despercebidos para a maioria das empresas, está bem representada no *case* da empresa DaMinhaCor, também apresentado neste livro, que identificou a necessidade de um segmento de consumidores e o atendeu ao lançar uma touca para banho de piscina para quem tem cabelos afro, no estilo black, com tranças ou *dreadlocks.*

---

50 Disponível em: <https://glamurama.uol.com.br/poder-elas-faturam-r-150-milhoes-por-ano-com-cabelos-cacheados>. Acesso em: 21 ago. 2019.

51 Disponível em: <https://emais.estadao.com.br/noticias/gente,kondzilla-alcanca-50-milhoes-no-youtube-e-reflete-nao-e-apenas-musica,70002887466>. Acesso em: 21 ago. 2019.

Oportunidades invisíveis

Também ficou evidente na história da Rádio Yandê que os indígenas brasileiros são ainda vistos apenas como estatísticas e sob as lentes de velhos estereótipos coloniais. A importância da diversidade de gênero foi retratada na trajetória da Lady Driver, o aplicativo de mobilidade urbana criado por uma mulher para atender o público feminino – uma inspiração para mulheres que pensam em empreender com propósito, desafiando a flagrante desigualdade de gênero que ainda persiste na sociedade brasileira.

De maneira geral, as experiências empresariais descritas neste livro mostram que os negócios ancorados na diversidade e de impacto social geram muita inovação, embora muitas vezes não consigam alcançar a escala apropriada, seja por falta de apoio, seja por resistência dos investidores.

Outras histórias

Há no Brasil e no mundo muitas outras histórias de empreendimentos inclusivos e de propósito que precisam ser contadas. Para compor este livro, escolhi apenas algumas experiências a fim de ilustrar e dar destaque a esse tema. Existem em todo o país milhares de empresas quase anônimas, fora dos holofotes dos "empreendedores de palco", que batalham para garantir sua continuidade.

São iniciativas como a do Ebony English, que descobriu que negros se sentem mais confortáveis aprendendo inglês conhecendo a sua história, e criou um curso de ensino da língua com foco na cultura negra e que está desenvolvendo uma plataforma digital para dar escala ao seu negócio. A Batekoo, uma festa iniciada na periferia de Salvador que hoje está em várias capitais do país fazendo projetos com marcas e tornando-se um selo musical. Ou ainda o Traz Favela, projeto que surgiu em *hackatons*[52], em Salvador, e que pretende ser um aplicativo para oferecer oportunidades para serviços de *delivery* em favelas.

Vale destacar também que há hoje no Brasil um grande número de incubadoras, *coworkings* e aceleradoras com foco em negócios de impacto social, que trabalham para criar um ambiente mais favorável para que

---

52 Hackatons são eventos que reúnem programadores, designers e outros profissionais ligados ao desenvolvimento de softwares em maratonas de trabalho, com o objetivo de criar soluções específicas para determinados desafios.

startups com esses perfis possam crescer. Uma delas é a Vale do Dendê, da qual sou cofundador, em conjunto com a relações públicas Itala Herta, com o jornalista Rosenildo Ferreira e o professor-doutor Helio Santos.

Na Vale do Dendê, apoiamos especialmente os empreendedores que estão "nas margens"; são pessoas criativas, inovadoras e que não aparecem no radar dos investidores. Atuamos como uma aceleradora, escola e consultoria estratégica para transformar Salvador na capital da inovação criativa do Brasil. Inspiramo-nos bastante na história de Medelin, na Colômbia, que em uma década se transformou da cidade mais violenta do mundo numa das metrópoles mais inovadoras do planeta, justamente por, entre outras ações, investir muito em inovação nas periferias[53].

Salvador, a rigor, tem todo o potencial de se tornar a "Atlanta brasileira" por reunir algumas características semelhantes à cidade norte-americana, como o fato de ser uma região de maioria negra e o berço dos movimentos sociais da luta contra o racismo. A diferença é que Atlanta possui a terceira maior concentração das maiores empresas dos Estados Unidos e uma economia de 295 bilhões de dólares[54].

Essa cidade norte-americana, onde nasceu Martin Luther King Jr., era vista, algumas décadas atrás, como uma capital pouco relevante nos Estados Unidos, por estar no sul (discriminada assim como o Nordeste brasileiro) e ser de maioria negra, mas nos anos de 1970, após a eleição do primeiro prefeito negro, Maynard H. Jackson Jr., uma verdadeira transformação aconteceu por ali, com a implantação de ações afirmativas dando acesso a empreendedores/as negros/as a contratos públicos e com a atração de empresas negras de todo o país para aquela cidade que atualmente sedia o mais concorrido aeroporto do país (e do mundo) e sedes globais de empresas como a Coca-Cola, a CNN e a Delta Airlines.

Salvador (que poderia também ser comparada com Nova Orleans pela herança cultural), além de estar localizada no meio do litoral brasileiro (posição privilegiada para voos vindos do exterior), possui um imenso potencial para turismo de negócios internos (por suas praias e sítios

---

53 Disponível em: <https://www.startse.com/noticia/ecossistema/61045/medellin-da-cidade-mais-violenta-para-a-mais-inovadora-do-mundo>. Acesso em: 21 ago. 2019.

54 Disponível em: <https://correionago.com.br/portal/portal-correio-nago-entrevista-prefeito-de-atlanta>. Acesso em: 21 ago. 2019.

histéricos e por ter sido a primeira capital do Brasil). Tem vocação para o entretenimento (casa de shows, estúdios de música, cinema, games etc.), para atração de empresas de tecnologia (que nos Estados Unidos escolheram uma baía, a Bay Area de São Francisco, na Califórnia) e para ser o *hub* de empresas criativas que podem servir ao imenso contingente de turistas negros de todo o mundo que querem ter uma experiência cultural autêntica.

A Bahia possui hoje uma cena cultural pronta para se globalizar, com grupos como Baiana System, Attooxxa, Afrocidade, Batekoo, Afrobapho, Orquestra Rumpilezz, cantoras como Luedji Luna, Xênia França e Larissa Luz, além de grupos inovadores de teatro, cinema, dança e moda que não param de surgir em várias periferias das cidades. Na Vale do Dendê realizamos, todos os anos, junto com o Instituto Mídia Étnica, a Ocupação Afro.Futurista, um evento para dar visibilidade a essa cena cultural contemporânea e inovadora.

Cooperação para empreendedor nas periferias

O pioneirismo de organizações como o Ceabra (Coletivo de Empresários e Empreendedores Afrodescendentes), nos anos 1990, e da Feira Preta, nos anos 2000, colocaram a semente do potencial econômico negro nacional. O trabalho da Incubadora Afro-Brasileira (localizada no Rio de Janeiro), das holdings culturais Olodum e Cufa/Favela Holding e da Universidade da Correria foi fundamental para um olhar novo sobre negócios negros. Já os estudos patrocinados pelo Fundo Baobá[55] (criado pela Fundação Kellogg), que mapearam o potencial de consumo negro, o trabalho da Rede Brasil Afro-empreendedor (Reafro), e a iniciativa Inova Capital do Banco Interamericano de Desenvolvimento (BID) deram um impulso na última década ao tema no Brasil.

Recentemente, algumas aceleradoras, entre elas a Vale do Dendê, se juntaram e criaram uma coalizão, a ÉdiTodos, lançada no último Fórum Brasileiro de Finanças e Negócios de Impacto, em 2018. Dessa coalizão participam empreendimentos como o Instituto Feira Preta (SP), o Afrobusiness (SP), Agência Solano Trindade (SP) e o Fa.Vela (MG). Em comum, todos trabalham com a perspectiva de apoiar negócios que atuam em comunidades. Empreendimentos ligados à diversidade e

---

55 Disponível em: <http://baoba.org.br>. Acesso em: 21 ago. 2019.

oriundos das periferias, que geralmente enfrentam grande dificuldade para ter acesso ao crédito.

De acordo com o estudo "Acesso ao crédito produtivo pelos microempreendedores afrodescendentes: desafios para inclusão financeira no Brasil"[56], elaborado pelo Banco Interamericano de Desenvolvimento (BID), com colaboração do professor Marcelo Paixão, da Universidade do Texas, cerca de 37% dos donos de negócios negros no país têm seus pedidos de crédito em bancos sumariamente negados. Um dos motivos dessa resistência seria a falta de confiança dos agentes financeiros nas pessoas negras, muitas vezes inconscientemente.

Esse fato desencoraja empreendedores negros a acessarem o crédito produtivo. Segundo o mesmo estudo, 57% dos empresários negros acreditam que sofrem preconceito para abrir seu próprio negócio. Essa discriminação financeira faz com que 82% dos empreendimentos negros sejam informais e que tenham, em média, apenas metade da renda dos empreendimentos não negros (Instituto Locomotiva/PNAD). Tal realidade reduz drasticamente o potencial de arrecadação do Estado e sua capacidade de prover os serviços públicos de qualidade a que a população brasileira tem direito.

Inovação real

A inovação real, no meu modo de ver, é aquela que atende às demandas reais de consumidores e cidadãos. Inovar é mais do que lançar um aplicativo novo ou ter uma empresa com paredes coloridas e com jogos disponíveis para colaboradores. Inovação é um processo de aprimoramento que, em última instância, necessita de vários olhares, como fez o coletivo de jovens negras cicloativistas La Frida Bike, de Salvador, que criou uma bicicleta ergonomicamente pensada para atender as mulheres negras, que muitas vezes moram em locais de difícil acesso (como morros e baixadas). Elas também desenvolveram um capacete que é desenhado para pessoas com cabelo estilo *black power* ou com *dreadlocks*[57].

---

56 Disponível em: <https://www.iadb.org/es/gender-and-diversity/empoderamiento-economico>. Acesso em: 21 ago. 2019.

57 Disponível em: <https://www1.folha.uol.com.br/cotidiano/2019/07/baianas-desenvolvem-o-primeiro-capacete -de-ciclismo-para-negros.shtml>. Acesso em: 21 ago. 2019.

O professor Helio Santos, autor do prefácio deste livro, observa com precisão em suas palestras pelo mundo que "a periferia é ouro, mas nossa elite prefere bijuteria". Negócios como a Lab Fantasma, dentre outros casos, que compõem este livro, evidenciam o potencial inventivo das periferias. Em toda quebrada do Brasil há centenas de meninas e meninos cheios de ideias. São nossos Steve Jobs e Oprah Winfrey "invisibilizados", que não conseguem colocar suas ideias em prática por causa do racismo institucional, do machismo e demais formas de opressão vigentes.

Inovação com impacto social no futuro

O sistema econômico atual, em especial nos países periféricos, reproduz modelos insustentáveis do ponto de vista ambiental e social. O modelo econômico atual é visto por muitos autores como fadado ao fracasso. Seja por sua crescente concentração de renda, seja pelo desprezo por qualquer limite ético. O que vemos, portanto, é uma pequena "casta" de abastados que vivem com um excelente padrão de vida e uma maioria pobre e sem esperança.

Contudo, com o aumento do número de empresas que trabalham com o conceito de economia colaborativa e de impacto social, a tendência é que tenhamos (espero!) um consumo cada vez mais responsável, o que fará com que as empresas sejam guiadas também pelos propósitos, e não apenas pelo objetivo do lucro. Já existe até uma certificação, chamada sistema B[58], que incentiva as empresas a serem mais sustentáveis e que tende a gerar impactos positivos na sociedade.

Essa parece ser uma tendência irreversível, e que deve ser impulsionada pelo aumento da consciência dos consumidores, que cada vez mais compreendem o poder de suas escolhas. Por que comprar de uma empresa que prejudica o meio ambiente se posso escolher uma que seja mais sustentável? Se eu posso apoiar uma empresa que tem ações inclusivas, qual o objetivo de gastar o meu dinheiro com uma empresa com práticas racistas? As novas gerações já revelam ter ainda mais consciência sobre o poder de suas escolhas de compra.

---

58 Disponível em: <https://exame.abril.com.br/negocios/sistema-b-ajuda-a-transformar-boas-intencoes-das-empresas-em-acoes>. Acesso em: 21 ago. 2019.

Há pelo menos 15 anos, acompanho essas mudanças nas concepções de consumo. Lembro que, em 2004, quando saí pela primeira vez do Brasil, em viagem para a Alemanha, junto com outros negros ativistas brasileiros, surpreendeu-me ver que, mesmo com os negros representando menos de 3% da população, lá havia várias iniciativas empreendedoras dirigidas por negros, como portais, centros culturais e até programas de TV voltados para os *Afrodeutsche* (afrodescendentes alemães).

Da mesma forma, quando estive pela primeira vez em Oakland, Califórnia (EUA), em 2005, impressionou-me a forma como a comunidade afro-americana exercia o princípio do Black Money, com seus restaurantes, clubes, cafés e museus. Sentimento semelhante me ocorreu ao andar pelas ruas do bairro de Brixton, em Londres, com toda a influência afro-caribenha de seus moradores e que fortalece o comércio local.

No Brasil, estamos ainda distantes desse grau de ativismo econômico. Aqui, a grande maioria das pessoas acha mais conveniente comprar em um shopping center ou na grande cadeia de lojas de roupas. Mas também percebo que há, cada vez mais, um esforço para transformar o discurso político em ações práticas.

Se o racismo, por exemplo, se impõe pelo meio econômico, colocando negros na pobreza, é por meio da economia que se deve combatê-lo. Entretanto, é preciso dizer que empoderamento econômico não significa o fim das opressões. Isso ficou claro na experiência vivida pela bilionária afro-americana Oprah Winfrey, que foi discriminada em uma loja da Suíça[59] – a atendente negou-se a lhe mostrar uma bolsa, alegando que era muito cara para ela. E na do professor de Harvard, Herny Louis Gates Jr., que foi preso pela polícia ao tentar abrir a porta de sua própria casa – os vizinhos acharam que ele era assaltante[60]. No Brasil, exemplos como esses não faltam.

---

59 Disponível em: <http://g1.globo.com/pop-arte/noticia/2013/08/oprah-winfrey-afirma-ter-sido-vitima-de-racismo-na-suica.html>. Acesso em: 21 ago. 2019.
60 Disponível em: <http://g1.globo.com/Noticias/Mundo/0,,MUL1238187-5602,00-PROFESSOR+DE+H ARVARD+E+PRESO+SOLTO+E+ACUSA+POLICIA+DE+RACISMO.html>. Acesso em: 21 ago. 2019.

EPÍLOGO

Desafios

Há grandes desafios a serem enfrentados. Estamos entrando em uma nova fase do desenvolvimento tecnológico, que trará ainda mais questões a serem respondidas. Com a expansão do uso da inteligência artificial (levando muitas profissões à extinção e outras tantas a serem criadas), a popularização da Internet das Coisas (IoT) e a revolução da indústria 4.0, como a diversidade estará inserida nesse "novo mundo" que vem surgindo?

Alguns estudiosos já questionam, por exemplo, o "racismo dos algoritmos" em sistemas de buscas[61], ou a inteligência artificial por trás dos carros autônomos, que tenderiam a atropelar pessoas negras por falta de testes com pessoas não brancas[62]. Também há o perigo do uso de sistemas de reconhecimento facial, que podem levar as forças de segurança a prenderem pessoas injustamente, e uma série de outros problemas que podem ocorrer justamente pela falta de diversidade na produção de tecnologias, e, mais importante, na propriedade dessas tecnologias.

Se haverá num futuro próximo uma sociedade baseada nos algoritmos e na automação, é preciso limpar as bases de dados a partir das quais as máquinas aprendem padrões de comportamento (via tecnologia *machine learning*), extraindo delas o racismo[63], o machismo, a intolerância religiosa e outros discursos de ódio que estão transbordando

---

61 Disponível em: <https://www.researchgate.net/project/Dados-Algoritmos-e-Racializacao-em-Plataformas-Digitais>. Acesso em: 21 ago. 2019.

62 Disponível em: <https://www.vox.com/future-perfect/2019/3/5/18251924/self-driving-car-racial-bias-study-autonomous-vehicle-dark-skin>. Acesso em: 21 ago. 2019.

63 Disponível em: <https://tarciziosilva.com.br/blog/posts/racismo-algoritmico-linha-dWo-tempo>. Acesso em: 21 ago. 2019.

nas redes sociais, nos aplicativos de bate-papo e até mesmo na *deep web* (a internet profunda).

É preciso, portanto, estar atento às questões éticas e de privacidade que serão trazidas ao debate público num futuro em que a valorização da diversidade terá papel ainda mais importante.

O objetivo deste livro é justamente mostrar iniciativas positivas de empreendedores que encaram a diversidade como algo necessário, gerando inovação a partir desse grande ativo. Afinal, o mundo se parece muito mais com as periferias do Brasil do que com o Vale do Silício. Em várias partes da América Latina, do Sudeste Asiático e do continente africano há desafios muitos semelhantes aos nossos em relação à infraestrutura, ao saneamento básico, à mobilidade urbana etc. Ou seja, ao inovar nas periferias abre-se um mercado global.

Foi curioso notar, durante as entrevistas e o processo de elaboração das histórias dos empreendedores retratados neste livro, o quanto eu fui me identificando com algumas que escrevia.

Nasci em uma comunidade empobrecida no subúrbio de Salvador, onde a falta de saneamento básico, transportes de qualidade e acesso a bens culturais fazia com que tudo parecesse muito distante, quase impossível. Lembro que, no final dos anos 1990, não havia ninguém da minha família, fosse do lado materno ou paterno, que tivesse concluído um curso superior. Aliás, minha avó por parte de mãe, hoje com mais de 100 anos, já foi doméstica, lavadeira e não foi alfabetizada. Universidade não era algo para mim, eu pensava.

Não imaginava, nem nos sonhos mais otimistas, que anos depois seria escolhido pela Universidade Harvard para compartilhar meus conhecimentos em um centro de pesquisas, o Berkman Klein Center. Menos ainda que teria a oportunidade de visitar dezenas de países participando de eventos, congressos ou trabalhando.

Foi a curiosidade, o apoio familiar e o gosto pela leitura que me fizeram aprender inglês, que pratiquei nas ruas do Pelourinho, em Salvador, e a empreender – desde muito novo arrisquei-me em empreitadas que iam desde o aluguel de videogames até cursos de informática e serviços de gráfica rápida.

Oportunidades invisíveis

Mas nunca me senti confortável em ser exceção. É triste ver jovens, em sua maioria negros, terem diariamente suas vidas e sonhos ceifados direta ou indiretamente pelo Estado brasileiro. Por isso, sempre que posso quero me conectar, apoiar e conhecer histórias de outras pessoas igualmente inconformadas, que não aceitam seguir o roteiro pré-fabricado para pessoas que nascem nas periferias. Lutar para que as oportunidades sejam iguais para todos tornou-se para mim uma motivação de vida.

Durante a elaboração deste livro, descobri que a minha história é, de alguma forma, similar à de Anápuàka Tupinambá, que apostou na mídia indígena assim como apostei na mídia negra; ou à de Carlos Humberto, da Diaspora.Black, um apaixonado por viagens e em fazer conexões com a diáspora africana; ou à de Fióti, do Laboratório Fantasma – aliás, foi pelo rap dos Racionais MC's que aprendi muito sobre a história negra. E a de tantas outras pessoas que lutam todos os dias para viver seus sonhos.

Espero que os leitores se inspirem nessas histórias e compreendam a importância da diversidade de maneira ampla. Esta obra é apenas uma contribuição para um debate tão importante, que precisa ser ampliado. A responsabilidade sobre o destino das próximas gerações é inteiramente nossa. Que legado queremos deixar para os que virão? Estamos no caminho certo para a construção de uma sociedade mais justa?

"Se você não é parte da solução, então você é parte do problema." Essa frase, atribuída ao ativista afro-americano Eldridge Cleaver (guardadas as devidas proporções e seus contextos) resume bem a ideia deste livro. É preciso, a cada dia, promover mais equidade, seja na rua, na repartição pública, na empresa, na comunidade religiosa ou na universidade, para que no futuro haja mais pluralidade de vozes e mais respeito a todas as pessoas e grupos sociais. Só assim construiremos uma sociedade mais sustentável para as próximas gerações.

AGRADECIMENTOS

Este livro não seria possível sem o apoio generoso de pessoas que acreditaram desde o início nessa ideia e me deram suporte (direta ou indiretamente) para que esta obra se concretizasse. Por isso, gostaria de agradecer aqui.

À minha família, pelo apoio e compreensão. Sou eternamente grato à minha querida mãe, Zenaide Nunes, ao meu saudoso e querido pai, Paulo Valentino (*in memoriam*), à tia Edy e à minha avó Maria Nunes por serem meus alicerces, me transmitirem seus valores e não medirem esforços para me educar. Agradeço a Deus por tê-los colocado em minha vida.

Agradeço em especial a meu amor, Keila Costa, que é minha esposa, companheira e que, além de ser a primeira pessoa a acreditar nesta obra, me incentivou a não desistir desse projeto, revisando comigo cada detalhe aqui escrito. Este livro tem o seu DNA! Da mesma forma, agradeço imensamente todo o suporte e carinho de seus pais, Nilva e Zolachio Costa.

Ao meu irmão Yan Lucas, pelas noites que confabulamos durante anos sobre o mundo da inovação e *startups*. Às famílias Matos, Santos, Sandes e demais membros da família Nunes por ajudarem na minha criação e estarem tão próximos em tantos momentos da minha vida.

Também aos amigos queridos de infância e adolescência, como Gil, Rodrigo (*in memoriam*), Vinícius, Geilson, Fábio Roque, Pita Elísio, Henrique, Ronaldo, Cíntia e a minha querida prima Taís Nunes (*in memoriam*), que nos deixou enquanto eu escrevia estas linhas.

Agradeço a Fabiana Oliva e Patrícia Casé por acreditarem desde o início nesta proposta, além de me apresentarem à Matrix Editora. O apoio de vocês foi fundamental!

Paulo Rogério Nunes

Este livro não aconteceria sem os *insights* de David A. Wilson, Rosenildo Ferreira, Itala Herta, Samille Sousa, Fabien Anthony, Kumi Rauf, Rosalvo Neto, Camila Evangelista, Luciane Neves, Bruno D'Angelo, Renato Meirelles, Patrícia Marino, Joyce Ruiz, Regina Casé, Ricardo Podval, Niousha Roshani, Luana Ozemela, Judith Morrison, Sinknesh Ejigu, Siraj Abdella, Ednilson Sacramento, Marcelo Chamusca, Thiago Vinicius, Beto Ferreira, Pedro Caribé, Juci Santana, Fernando Montenegro, Hellen Nzinga, João Souza, Bruno Almeida, Potyra Lavor, Marcelo Paixão, Adriana Barbosa, Bibiana Leite, Maíra Azevedo, Renê Costa, Uli Nascimento, Matthew Morgan, Jocelyn Cooper, Todd Brown, Chik Ukaegbu, Ana Luiza Prudente, Kamil Olufowobi, Abdel Lawani e Neila Costa. Da mesma forma, agradeço a Thais R. Barbosa por fazer a ponte com Annie Jean-Baptiste, executiva do Google aqui entrevistada.

Agradeço também a todos os colegas e sócios de projetos que ajudei a cofundar até hoje, seja no Instituto Mídia Étnica, no Correio Nagô, na Vale do Dendê ou na Afar Ventures. Aprendi e aprendo todos os dias com vocês.

Agradeço também a AC Ferreira, André Luís Santana, Ilka Danusa e Paulo Lima, que foram as primeiras pessoas a revisarem meus textos para serem publicados em sites e jornais. O apoio de vocês me fez trilhar os caminhos da escrita.

Aos mestres e griôs com os quais aprendi sobre o mundo: Carlos Moore, Helio Santos, Mário Nelson, Arany Santana, Silvio Humberto, Ubiratan Castro (*in memoriam*), Nazaré Lima, Vilma Reis, Luiza Bairros (*in memoriam*), Ailton Ferreira, Lorelei Williams, João Jorge Rodrigues, Luiz Orlando (*in memoriam*), Antônio Carlos Vovô, Diva Moreira, Stael Machado, Giovanni Harvey, Antônio Cosme, Ceres Santos, Izabel Harris, Gilmar Santiago, Nelson Maca, Lucy Góes, Joe Beasley, Richard Freeman e Makota Valdina Pinto (*in memoriam*).

A Barack Obama, por acreditar no meu trabalho e por ter me dado tantas oportunidades por meio de sua Fundação.

Aos meus colegas do Berkman Klein Center, da Universidade Harvard, aos amigos do Center for Civic Media do MIT e da Universidade de Maryland. Aos colegas da Universidade Católica do Salvador, da Ashoka

Empreendedores Sociais e do Instituto Steve Biko. A toda a rede de empreendedores da Vale do Dendê, do All Saints Bay, Black Business Bahia e da coalizão ÉdiTodos.

A todos os amigos e colegas de trabalho que de alguma forma aqui contribuíram com um texto, uma ideia ou palavras de incentivo naqueles dias em que eu estava pensando em desistir de realizar este trabalho, escrito em meio às demandas profissionais do dia a dia. Nunca me esquecerei da generosidade e do apoio de vocês.

A Donminique Azevedo e Caetano Ignácio por toparem me ajudar com a revisão do texto e debate de ideias.

Aos modelos Tauany Barros Almeida de Brito e Willian Souza dos Santos por cederem a foto feita para a empresa DaMinhaCor e publicada neste livro.

Ao Olodum, Ilê Aiyê, Muzenza, Cortejo Afro, Didá e todos os tambores dos blocos afro da Bahia, por manterem nossa tradição viva.

Aos Racionais MC's por despertarem minha consciência política.

À Sociedade Protetora dos Desvalidos (SPD), que comprou e devolveu a liberdade a centenas de seres humanos escravizados.

E, finalmente, aos empreendedores que generosamente compartilharam suas histórias de vida para que eu pudesse contá-las.

Sou muito grato a vocês!

REFERÊNCIAS BIBLIOGRÁFICAS

ALEXANDER, Michelle. *A nova segregação: racismo e encarceramento em massa.* São Paulo: Boitempo, 2017.

AKOTIRENE, Carla. *O que é interseccionalidade?* Belo Horizonte: Letramento: Justificando, 2018.

ANDERSON, Chris. *Makers: a nova revolução industrial.* Rio de Janeiro: Elsevier, 2012.

ARAÚJO, Leonardo; GAVA, Rogério. *Estratégias proativas de negócio: as quatro chaves da proatividade.* Rio de Janeiro: Elsevier, 2014.

BAKAS, Adjiedj. *Além da crise: o futuro do capitalismo.* Rio de Janeiro: Qualitymark, 2010.

BARLETTA, Martha. *Marketing para mulheres: como entender e aumentar sua participação no maior segmento do mercado.* Rio de Janeiro: Elsevier, 2006.

BROCKMAN, John (Ed.) et. al. *What to think about machines that think.* New York: Harper Perennial, 2015.

CLAY, Alexa; PHILLIPS, Kyra Maya. *A economia dos desajustados: alternativas informais para um mundo em crise.* São Paulo: Figurati, 2015.

DAVIS, Stephen; LUKOMNIK, Jon; PITT-WATSON, David. *Os novos capitalistas: a influência dos investidores-cidadãos nas decisões das empresas.* Rio de Janeiro: Elsevier, 2008.

DIAMANDIS, Peter H. *Abundância – o futuro é melhor do que você imagina.* São Paulo: HSM Editora, 2012.

DYCHTWALD, Maddy; LARSON, Christine. *O poder econômico das mulheres: entenda como a independência feminina pode influenciar o mundo positivamente.* Rio de Janeiro, Brasil: Elsevier Editora Ltda., 2011.

FIGUEIREDO, Angela. *Classe média negra: trajetórias e perfis.* Salvador: EDUFBA, 2012.

FILARDI, Fernando; FISCHMANN, Adalberto. *Estratégias de empresas para a base da pirâmide: técnicas e ferramentas para alcançar os clientes da nova classe emergente.* São Paulo: Atlas, 2015.

FRAZIER, Franklin E. *Black bourgeoisie.* New York: Free Press Paperback, 1997.

GOVINDARAJAN, Vijay; TRIMBLE, Chris. *Inovação reversa: descubra as oportunidades ocultas nos mercados emergentes.* Rio de Janeiro: Elsevier, 2012.

HALL, Stuart. *Cultura e representação*. Rio de Janeiro: Ed. PUC-Rio; Apicuri, 2016.

HARVARD BUSINESS SCHOOL. *Implementando a inovação: crie novas ideias, reduza o risco, atraia novos clientes*. 2ª reimpressão. Rio de Janeiro: Elsevier, 2007. (Série Gestão orientada para resultados).

ISMAIL, Salim; MALONE, Michael S.; GEEST, Yuri Van. *Organizações exponenciais: por que elas são 10 vezes melhores, mais rápidas e mais baratas que a sua (e o que fazer a respeito)*. São Paulo: HSM Editora, 2015.

JAIME, Pedro. *Executivos negros: racismo e diversidade no mundo empresarial*. São Paulo: Editora da Universidade de São Paulo: Fapesp, 2016.

JENKINS, Timothy L.; OM-RA-SETI, Khafra K. *Black futurists in the information age: vision of a 21st century technological renaissance*. Washington DC: KMT Publications, 1997.

KEPLER, João. *Smart money: a arte de atrair investidores e dinheiro inteligente para seu negócio*. São Paulo: Editora Gente, 2018.

KOTLER, Philip. *Capitalismo em confronto: soluções reais para os problemas de um sistema econômico*. Rio de Janeiro: Best Business, 2015.

_____; HESSEKIEL, David; LEE, Nancy R. *Boas ações: uma nova abordagem empresarial – como integrar o marketing a ações corporativas que geram dividendos sociais e retorno financeiro sustentável*. Rio de Janeiro: Elsevier, 2012.

_____; KARTAJAYA, Hermawan; SETIAWAN, Iwan. *Marketing 4.0: do tradicional ao digital*. Rio de Janeiro: Sextante, 2017.

LI, Charlene; BERNOFF, Josh. *Fenômenos sociais nos negócios: vença em um mundo transformado pelas redes sociais*. Rio de Janeiro: Elsevier, 2009.

MARKUS, Hazel; CONNER, Alana. *Clash: 8 conflitos culturais que nos influenciam*. Rio de Janeiro: Elsevier, 2013.

MCCONNELL, Bem; HUBA, Jackie. *Citizen marketers. Clientes armados e organizados: ameaça ou oportunidade? Como clientes bem-assistidos tornam-se poderosos aliados para seu produto e sua marca*. São Paulo: M. Books, 2008.

MEIRELLES, Renato; ATHAYDE, Celso. *Um país chamado favela – A maior pesquisa já feita sobre a favela brasileira*. São Paulo: Editora Gente, 2014.

MORRIS, Monique W. *Black stats: african americans by the numbers in the twenty-first century*. New York: The New Press, 2014.

NASCIMENTO, Abdias do. *O Brasil na mira do pan-africanismo*. Salvador: EDUFBA, 2002.

NELSON, Alondra; TU, Thuy Linh N.; HINES, Alicia Headlam. *Technicolor: race, technology, and everyday life*. New York: New York University Press, 2001.

OBAMA, Barack. *A audácia da esperança: reflexões sobre a reconquista do sonho americano*. São Paulo: Larousse do Brasil, 2007.

PENN, Mark J.; ZALESNE, Kinney E. *Microtendências: as pequenas forças por trás das grandes mudanças de amanhã*. Rio de Janeiro: BestSeller, 2008.

Oportunidades invisíveis

PISCIONE, Deborah Perry. *Os segredos do Vale do Silício: o que você pode aprender com a capital mundial da inovação*. São Paulo: HSM do Brasil, 2014.

PISTONO, Federico. *Os robôs vão roubar seu trabalho, mas tudo bem: como sobreviver ao colapso econômico e ser feliz*. São Paulo: Portfolio-Penguin, 2017.

PORTER, Michael E. *Vantagem competitiva: criando e sustentando um desempenho superior*. Rio de Janeiro: Campus, 1989.

PRAHALAD, C. K. *A riqueza na base da pirâmide: erradicando a pobreza com o lucro*. Porto Alegre: Bookman, 2017.

RAO, Hayagreeva. *Os revolucionários dos negócios: aprenda com os movimentos sociais a promover inovações na sua empresa*. São Paulo: Editora Gente, 2010.

REINAUDO, Franco; BACELLAR, Laura. *O mercado GLS: Como obter sucesso com o segmento de maior potencial da atualidade*. São Paulo: Ideia & Ação, 2008.

RIBEIRO, Djamila. *O que é: lugar de fala?* Belo Horizonte (MG): Letramento, 2017.

_____; RIBEIRO, Djamila. *Quem tem medo do feminismo negro?* São Paulo: Companhia das Letras, 2018.

SANTOS, Helio. *A busca de um caminho para o Brasil: a trilha do círculo vicioso*. São Paulo: Editora Senac, 2001.

SCHWAB, Klaus. *A quarta revolução industrial*. São Paulo: Edipro, 2016.

SHARMA, Ruchir. *Os rumos da prosperidade: em busca dos próximos milagres econômicos*. Rio de Janeiro: Elsevier, 2012.

SMILEY, Tavis; WEST, Cornel. *The rich and the rest of us: a poverty manifesto*. New York: SmileyBooks, 2012.

SOLOMON, Michael R. *O comportamento consumidor: comprando, possuindo e sendo*. Porto Alegre: Bookman, 2016.

STOUTE, Steve. *The tannning of America: how hip-hop created a culture that rewrote the rules of the new economy*. New York: Gotham Books, 2011.

TIMMS, Henry; HEIMANS, Jeremy. *O novo poder: como disseminar ideias, engajar pessoas e estar sempre um passo à frente em um mundo hiperconectado*. Rio de Janeiro: Intrínseca, 2018.

VAN RIEL, Cees B. M. *Reputação: o valor estratégico do engajamento de stakeholders*. 1 ed. Rio de Janeiro: Elsevier, 2013

WEDDERBURN, Carlos Moore. *Racismo e Sociedade. Novas bases epistemológicas para enfrentar o racismo*. Belo Horizonte: Maza Edições, 2007.

WHITE, Shane. *Prince of darkness: the untold story of Jeremiah G. Hamilton, Wall Street's first black millionaire*. New York: Picador, 2016.

Vamos continuar dialogando?

Depois de ler este livro, você certamente deve ficar interessado em conhecer mais sobre outras empresas inovadoras do Brasil e do mundo que estão apostando na diversidade e criando novas narrativas para o saturado mercado tradicional, não é? Então, vamos ampliar essa conversa usando as ferramentas digitais?

No site **www.oportunidadesinvisiveis.com.br** você tem insights, resenhas de livros, links de pesquisas, estudos de caso, podcasts e uma série de outros conteúdos sobre os assuntos aqui abordados.

Já no **www.paulorogerionunes.com** é possível agendar uma palestra, um bate-papo em sua empresa/universidade, ou manter-se em dia com as últimas notícias de empreendimentos que cofundei ou dos quais sou parceiro.

Se preferir, também podemos dialogar pelas redes sociais:
Instagram: **@paulorogerio_ba**
Linkedin: **https://br.linkedin.com/in/paulo-rogerio-nunes**
Medium: **https://medium.com/@paulorogerio81**

Viu alguma inovação bacana que está fora do radar da mídia? Mande para mim no **contato@oportunidadesinvisiveis.com.br**